kreativ workshop
Filzen

Praxisorientiert zum Erfolg
mit der Künstlerin

Inga Dünkelberg-Niemann

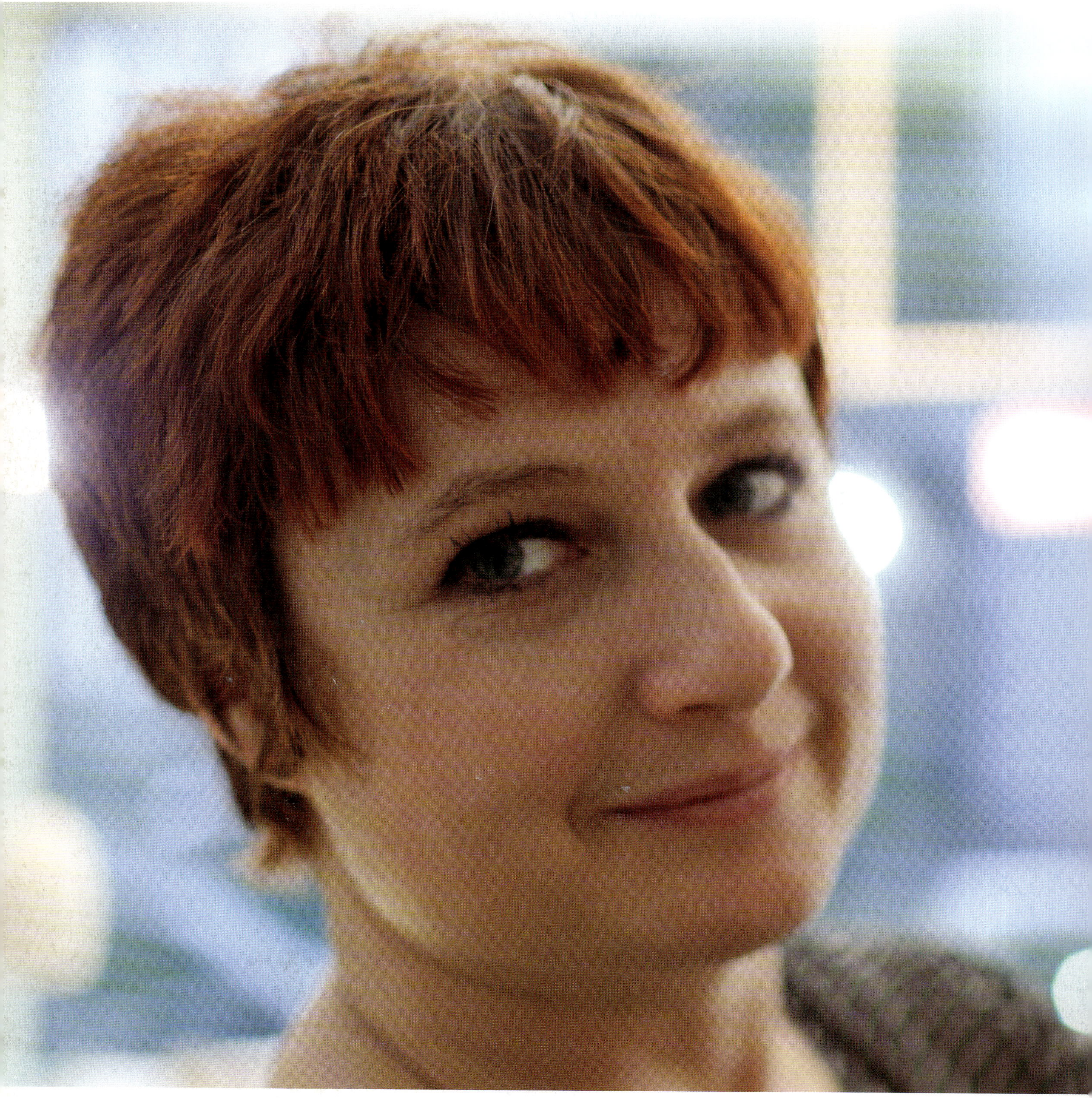

kreativ workshop
Filzen

Praxisorientiert zum Erfolg
mit der Künstlerin
Inga Dünkelberg-Niemann

Stadtbücherei
Delmenhorst

Inhalt

Vorwort 6
Aufbau des Buches 8

Material und Hilfsmittel 10
    Die Wolle 12
    Die wichtigsten Hilfsmittel 15
    Weitere nützliche Hilfsmittel 18

Flächen filzen 22
    Überblick Filztechniken 24
    Feste Flächen – Reibetechnik 27
        Uhrenarmbänder 31
        Puzzle-Untersetzer 32
        Origami-Schachteln 33
    Schriftrollenmethode 34
    Dünne Flächen – Rolltechnik 36
        Crinkle-Schal 41
    Gewebe befilzen – Nunofilzen 42

Nunoschal filzen 44
    Brauner Schal 46
    Meerblauer Schal 47

Hohlkörper filzen 48
    Grundwissen Hohlkörperfilzen 50
    Stulpen und Hüllen filzen 52
        Lampenhüllen 57
        Raffinierte Anfängertasche 58
        Gürteltasche filzen 60
        Handytaschen 64
    Sternenschale filzen 66
    Schuhe filzen 70
        Lauflernschühchen 73
        Lieblingshausschuhe 74

Schnüre filzen und anfilzen 76
    Schmuckschnur filzen 78
        Loop-Kette 82
    Spiralschnur filzen 83
    Segmentschnur filzen 84

Ring filzen 85
Schnüre und Bänder anfilzen 87
Paralleles Filzen von Henkeln 89

Kugeln filzen 92
Schnelles Bällchen filzen 94
Mehrschichtkugel filzen 96
Adventskalender 98
Haargummis 99
Kieselsteine 100

Filzen mit Formen 102
Kugeldöschen filzen 104
Runde Tasche 107
Plättchen filzen 108

Oberflächen gestalten 110
Gestalterische Grundlagen 112
Wolle in der Hand kardieren 113
Zweidimensionale
Oberflächengestaltung 114

Dreidimensionale
Oberflächengestaltung 116
Jugendstilarmbänder 120
Kissen mit Sternblüten 121
Nunofilz-Stulpen 123
Kleine Objekte 124

Noch mehr Filzenideen 126
Große Einkaufstaschen 128
Schönes für den Tisch 130
Mehrschichtketten 132
Üppiger Halsschmuck 133
Filzschale mit Durchblick 134
Münzmäuse 135
Es ist Spielzeit! 136
Allerlei Hüllen 138

Vorlagen 140
Glossar 142
Register und Buchtipps 143
Autorin und Impressum 144

6 · Vorwort

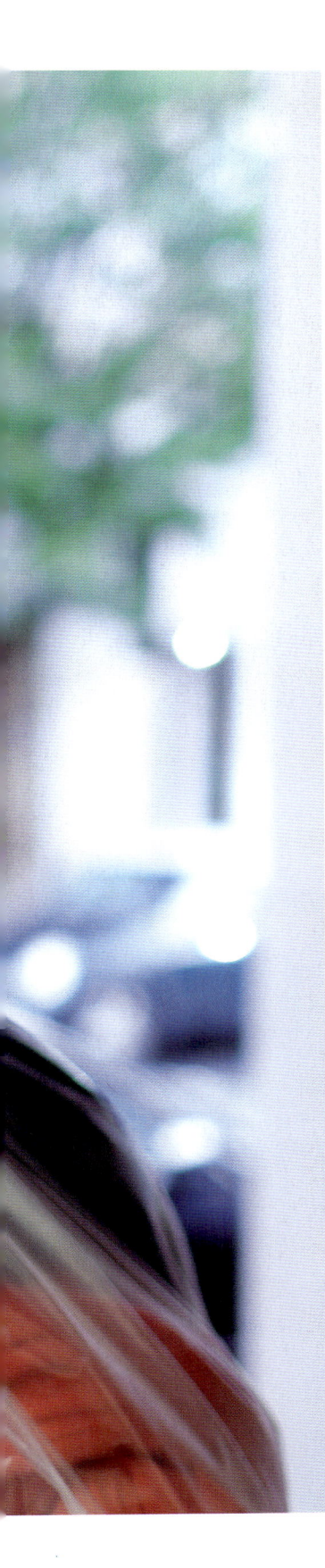

Zum Filzen benötigt man nur sehr wenig ...

... und ganz sicher muss man dazu nicht in die Badewanne steigen! Ich habe dieses Buch geschrieben, um Ihnen als Anfänger mit oder ohne Vorkenntnisse zu ermöglichen, auch unter nicht optimalen Bedingungen zu Hause das Filzen zu erlernen.

Als mir meine Töchter vor einigen Jahren an einem verregneten Ferientag vorschlugen, zu Hause zu filzen, war meine erste Reaktion: „Eine Überschwemmung auf dem Parkett brauchen wir nicht." Heute filze ich an städtischen Schulen, in meiner eigenen Filzschule und bei Geburtstagsfeiern in Privathaushalten. Fast jede Woche spreche ich mit Müttern, die genau die gleiche Befürchtung haben, wie ich damals. Sie schätzen es sehr, bei mir zu lernen, wie man ohne Überschwemmung filzen kann. So können sie sorglos zu Hause weiterfilzen. Viele haben betont, dass dies für sie ein entscheidender Grund war, sich langfristig für dieses schöne Hobby zu entscheiden.

Zum Filzen benötigt man nur sehr wenig: Wolle, Wasser, etwas Noppenfolie und Seife genügen. Es gibt noch einige andere sinnvolle Hilfsmittel, die ich Ihnen im Kapitel Material und Hilfsmittel vorstelle. Aber für den Anfang können Sie ohne großen Kostenaufwand ausprobieren, ob Sie Spaß am Filzen finden.

Ich möchte an dieser Stelle meinen inspirierenden Lehrerinnen und Lehrern danken, ganz besonders der dänischen Filzkünstlerin Charlotte Buch, deren offenherzige Art, Wissen weiterzugeben, mich sehr berührt hat. Am Abend eines jeden Fortbildungstages schwirrte uns Kursteilnehmern der Kopf, so viele neue Ideen hatte sie en passant in den Raum geworfen. Ich habe dieses Buch in ihrem Geist geschrieben und freue mich, Ihnen insbesondere das Praxiswissen aus meiner eigenen Filzschule weitergeben zu können.

Jorie Johnson möchte ich dafür danken, dass sie mir noch einmal gezeigt hat, wie man strukturiert und aufeinander aufbauend ein komplexes Thema vorstellt. Auch ihre Arbeiten sind für mich sehr inspirierend.

Das größte Dankeschön aber gebührt meinen Töchtern Anna und Katharina. Ohne ihre Hartnäckigkeit damals würde es heute dieses Buch nicht geben.

Auf meiner Facebook-Seite „Aki n. Filzschule" finden Sie nicht nur zahlreiche weitere Anregungen. Sie können auch Ihre eigenen Ideen präsentieren und mir Feedback geben.

Ihre

Inga

Wie Sie dieses Buch am besten nutzen können

Nichts ist schöner als ein schnelles Erfolgserlebnis. Nichts ist wichtiger als solide Technik. Als Anfänger können Sie die Technikkapitel der Reihe nach durcharbeiten und sich auf Wunsch bereits zwischendurch mit den verschiedenen Möglichkeiten der Oberflächengestaltung vertraut machen. Letztere erschließen sich Ihnen immer mehr, je weiter Sie im Buch fortfahren, und können grundsätzlich auf jedes Projekt angewendet werden.

Ich führe die Techniken in einer Reihenfolge ein, die Filzneulingen schnell ein weites Spektrum an Arbeiten ermöglicht. Wenn Sie schon erste Filzerfahrungen gesammelt haben, möchten Sie vielleicht lieber anhand des Registers wählen, mit welchen Themen oder neuen Techniken Sie sich vertraut machen wollen. Wo nötig, sind im Buch Verweise auf andere Kapitel zu finden.

Bevor Sie mit diesem Buch arbeiten, machen Sie sich bitte mit dem Aufbau sowie den wesentlichen Elementen vertraut, damit Sie die Vorzüge gezielt nutzen können.

Die Struktur

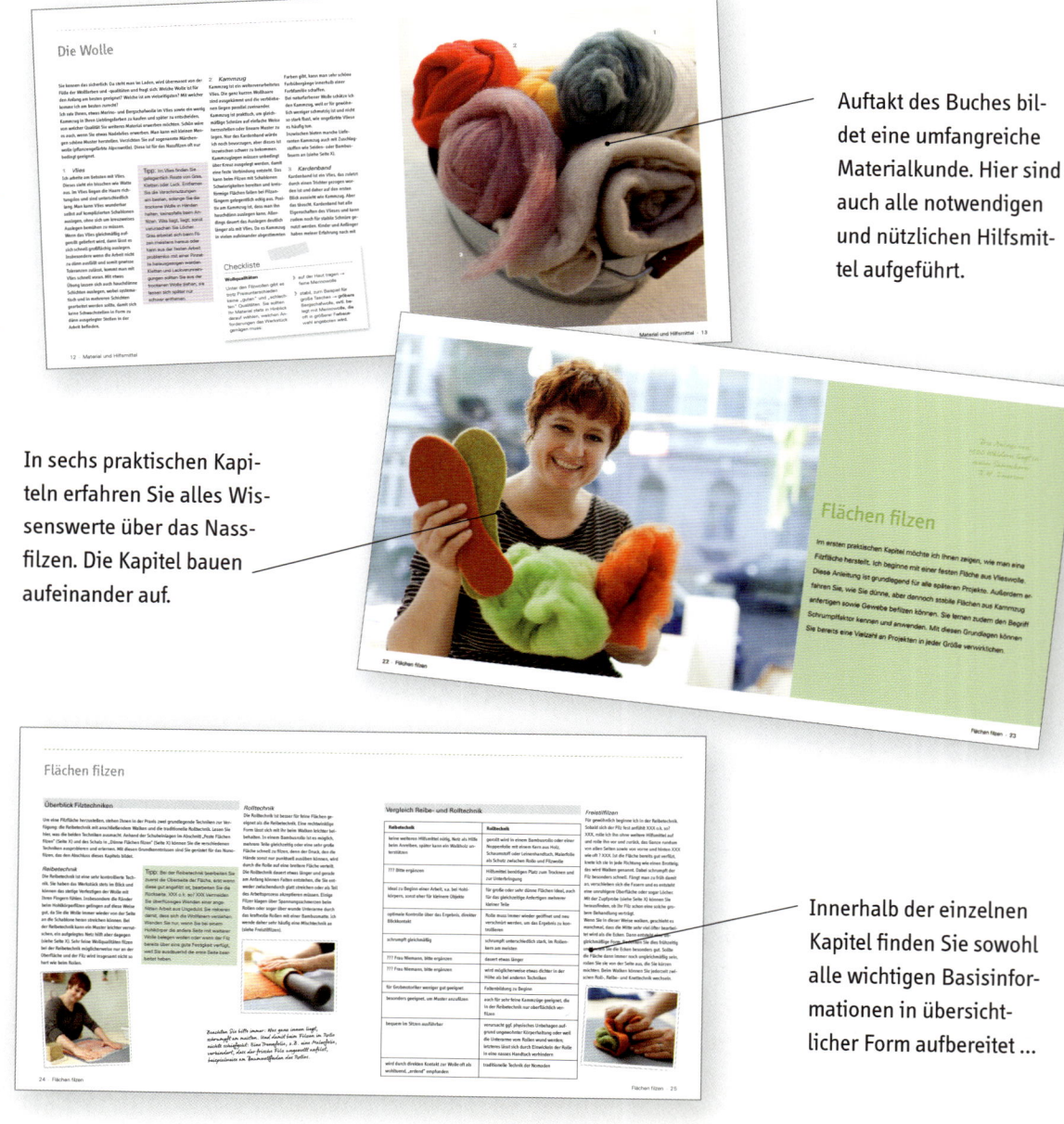

Auftakt des Buches bildet eine umfangreiche Materialkunde. Hier sind auch alle notwendigen und nützlichen Hilfsmittel aufgeführt.

In sechs praktischen Kapiteln erfahren Sie alles Wissenswerte über das Nassfilzen. Die Kapitel bauen aufeinander auf.

Innerhalb der einzelnen Kapitel finden Sie sowohl alle wichtigen Basisinformationen in übersichtlicher Form aufbereitet ...

... als auch die einzelnen Techniken anhand ansprechender Modelle Schritt für Schritt mit zahlreichen Abbildungen erklärt.

Im Anschluss an jede Technik inspirieren weitere einfache Modelle, das gerade Erlernte gleich weiter zu festigen.

Im zweiten Buchteil finden Sie Anwendungsbeispiele, die auf den Workshop aufbauen und mehrere Techniken kombinieren.

Im Buchanhang finden Sie neben Glossar und Register auch die verwendeten Vorlagen. Sie können Sie entsprechend dem angegebenen Faktor auf einem Kopierer vergrößern. Über den Internetlink **www.topp-kreativ.de/kreativworkshop** können Sie die Vorlagen auch originalgroß ausdrucken.

Aufbau des Buches · 9

10 · Material und Hilfsmittel

Selbst ein Weg von 1000 Meilen beginnt mit dem ersten Schritt.
Chinesische Weisheit

Material und Hilfsmittel

Um mit dem Filzen zu beginnen, benötigen Sie nicht viel: Wasser, Seife, filzfähige Wolle, etwas Geduld, Noppenfolie und eventuell ein Fliegengitter – das genügt für den Anfang. Wenn Sie sich entschieden haben, dass Sie dieses schöne Handwerk länger ausüben möchten, können Sie sich nach und nach einige sinnvolle zusätzliche Hilfsmittel anschaffen. Auch diese stelle ich Ihnen in diesem Kapitel vor.

Die Wolle

Sie kennen das sicherlich: Da steht man im Laden, wird übermannt von der Fülle der Wollfarben und -qualitäten und fragt sich: Welche Wolle ist für den Anfang am besten geeignet? Welche ist am vielseitigsten einsetzbar? Mit welcher komme ich am besten zurecht?

Ich rate Ihnen für den Anfang, etwas Merino- und Bergschafwolle im Vlies sowie ein wenig Merino-Kammzug in Ihren Lieblingsfarben zu kaufen. Später können Sie dann weitere Schafrassen erkunden. Schön wäre es auch, wenn Sie etwas Nadelvlies erwerben. Man kann mit kleinen Mengen schöne Muster herstellen. Verzichten Sie auf sogenannte Märchenwolle (spezielles Färbeverfahren). Diese ist für das Nassfilzen oft nur bedingt geeignet.

1 Vlies

Ich arbeite am liebsten mit Vlies. Dieses sieht ein bisschen wie Watte aus. Im Vlies liegen die Haare richtungslos und sind unterschiedlich lang. Man kann Vlies wunderbar selbst auf komplizierten Schablonen auslegen, weil man nicht kreuzweise auslegen muss. Wenn das Vlies gleichmäßig aufgerollt geliefert wird, dann lässt es sich schnell großflächig auslegen. Insbesondere, wenn die Arbeit nicht zu dünn ausfällt und somit gewisse Toleranzen zulässt, kommt man auch als Anfänger mit Vlies schnell voran. Mit etwas Übung lassen sich auch hauchdünne Schichten auslegen, wobei systematisch und in mehreren Schichten gearbeitet werden sollte, damit eventuelle Schwachstellen in jeder Schicht an anderer Stelle liegen und das Gesamtergebnis stabil ausfällt.

Tipp: Im Vlies finden Sie gelegentlich Reste von Gras, Kletten oder Lack. Entfernen Sie die Verschmutzungen am besten, solange Sie die trockene Wolle in Händen halten, keinesfalls beim Anfilzen. Was liegt, liegt, sonst riskieren Sie Löcher. Gras arbeitet sich beim Filzen meistens heraus oder kann aus der festen Arbeit problemlos mit einer Pinzette herausgezogen werden. Kletten und Lackverunreinigungen sollten Sie aus der trockenen Wolle ziehen, sie lassen sich später nur schwer entfernen.

2 Kammzug

Kammzug ist ein weiterverarbeitetes Vlies. Die ganz kurzen Wollhaare sind ausgekämmt und die verbliebenen liegen parallel zueinander. Kammzug ist praktisch, um gleichmäßige Schnüre auf einfache Weise herzustellen oder lineare Muster zu legen. Nur das Kardenband würde ich hierfür noch bevorzugen, aber dieses ist inzwischen schwierig zu bekommen. Kammzug muss unbedingt über Kreuz ausgelegt werden, damit eine feste Verbindung entsteht. Das kann beim Filzen mit Schablonen Schwierigkeiten bereiten und kreisförmige Flächen fallen bei Filzanfängern gelegentlich eckig aus. Positiv am Kammzug ist, dass man ihn hauchdünn auslegen kann. Allerdings dauert das Auslegen deutlich länger als mit Vlies. Da es Kammzug in vielen aufeinander abgestimmten Farben gibt, kann man sehr schöne Farbübergänge innerhalb einer Farbfamilie schaffen.

Bei naturfarbener Wolle schätze ich den Kammzug, weil er für gewöhnlich weniger schmutzig ist und nicht so stark flust, wie ungefärbte Vliese es häufig tun.

Inzwischen bieten manche Lieferanten Kammzug auch mit Zuschlagstoffen wie Seiden- oder Bambusfasern an.

3 Kardenband

Kardenband ist ein Vlies, das durch einen Trichter gezogen worden ist und daher auf den ersten Blick aussieht wie Kammzug. Aber das täuscht. Kardenband hat alle Eigenschaften des Vlieses und kann zudem noch für stabile Schnüre genutzt werden. Kinder und Anfänger

---

Gut zu wissen

Wollqualitäten

Unter den Filzwollen gibt es trotz Preisunterschieden keine „guten" und „schlechten" Qualitäten. Sie sollten Ihr Material stets in Hinblick darauf wählen, welchen Anforderungen das Werkstück genügen muss:

› auf der Haut tragen → feine Merinowolle

› stabil, zum Beispiel für große Taschen → gröbere Bergschafwolle, belegt mit Merinowolle, die oft in größerer Farbauswahl angeboten wird

Material und Hilfsmittel · 13

Vergleich Vlies – Kammzug

Vlies	Kammzug
richtungslos, kann ausgelegt werden, wie es passt	muss über Kreuz ausgelegt werden
auch für komplizierte Schablonen geeignet, z. B. Fingerhandschuhe	schwierig beim Arbeiten mit Schablonen, da die Wollhaare lang sind und über Kreuz ausgelegt werden müssen
geschnittene Ränder werden sehr schön	geschnittene Ränder fasern aus
je nach Hersteller hoher Anteil an Schmutzresten	weitgehend frei von Schmutz
etwas schwieriger für Anfänger, sehr dünne Flächen auszulegen	sehr gut geeignet für hauchdünne Filze und zum Nunofilzen
schrumpft etwas langsamer als Kammzug	schrumpft sehr schnell
	sehr feine Qualitäten filzen in der Reibetechnik manchmal nur an der Oberfläche und müssen noch gerollt werden
gut geeignet, um Wolle zusammenzufassen (Ball) oder das Umfilzen zu beginnen; Geübte können sehr schnell große Flächen damit auslegen	gut geeignet für gleichmäßig dicke Schnüre; das Auslegen großer Flächen dauert länger als mit Vlies
kommt meist als luftiger „Watteteppich", benötigt mehr Lagerplatz als die gleiche Menge Kammzug	ist sehr eng aufgerollt und benötigt wenig Lagerplatz

haben meiner Erfahrung nach mit Kardenband weniger Probleme, eine Schnur herzustellen, als mit Kammzug. Leider wird Kardenband nicht mehr häufig angeboten und wenn, dann meist nur in wenigen Naturtönen.

4 Nadelvlies und Vorfilz

Die industriell hergestellten Nadelvliese gibt es in vielen schönen Farbtönen und inzwischen sogar als Wolle-Seide-Mischung. Sie werden gerne zum Gestalten von Mustern eingesetzt. Auch wenn Sie schnell eine gleichmäßig dünne Fläche filzen möchten, können Sie Nadelvlies verwenden. Der Aufwand ist damit auf ein Minimum reduziert und das Ergebnis könnte kaum gleichmäßiger sein.

Vorfilz kann man selber herstellen (siehe Seite 114). Dieser kann sehr individuell und schön sein, ist aber in seinen Verarbeitungseigenschaften mit dem hier vorgestellten Nadelvlies nicht vergleichbar. So kann Nadelvlies noch sehr spät auf eine Arbeit aufgebracht werden und filzt dann immer noch mühelos an. Ich halte es auch für vielseitiger und für Anfänger leichter zu handhaben. Selbst hergestellter Vorfilz ist vor allem dann sinnvoll, wenn Sie einen gemusterten bzw. vielfarbigen Vorfilz wünschen, aus dem Sie Formen ausschneiden möchten.

> **Hinweis:** Wenn Sie mehr über die verschiedenen Schafrassen und Wolleigenschaften erfahren möchten, empfehle ich das Buch „Praxiswissen Filzen" (ebenso im frechverlag erschienen), das auch zu anderen Themen ein gutes Nachschlagewerk ist und vieles aufführt, was in dieser Einführung bewusst kürzer gefasst worden ist.

Die wichtigsten Hilfsmittel

1 Noppenfolie

Noppenfolie gibt es in verschiedenen Stärken im Baumarkt oder im Bürobedarf. Sie ist günstig und sehr vielseitig. Sie können aus Noppenfolie Schablonen für die Hohlkörpertechnik ausschneiden und die Folie als Unterlage verwenden. Sie erhalten die Folie auch auf Rollen und sobald Sie ein größeres Teil, wie einen Tischläufer, anfertigen möchten, werden Sie es schätzen, dass die Unterlage so groß ausgerollt werden kann. Wenn Sie die Wahl haben, gönnen Sie sich die festere Noppenfolie, sie ist haltbarer.
Außer beim Filzen von sehr dünnen Flächen und beim Nunofilzen (Gewebe befilzen) verwende ich Noppenfolie immer mit der genoppten Seite nach oben, weil die Noppen den Filzvorgang unterstützen und mithelfen, den Wasserhaushalt optimal zu regeln.

Hinweis: Während der Arbeit können einige Noppen platzen und etwas Seifenwasser kann auf den Tisch sickern. Legen Sie deshalb unbedingt eine wasserfeste Tischdecke oder eine dicke Folie unter die Noppenfolie. Sie können Noppenfolie mehrfach verwenden. Achten Sie aber bitte darauf, dass Sie diese nicht in feuchtem Zustand zusammenfalten und weglegen; Laugenreste begünstigen Schimmelbildung.

2 Filzmatte

Eine fein gerippte Gummiriefenmatte ist inzwischen bei den meisten Wollhändlern erhältlich. Das ist eine sehr sinnvolle Investition. Die Riefen sorgen dafür, dass die Arbeit schneller vorangeht als auf einer glatten Unterlage. Die Matte ist bis zu 100 cm x 70 cm groß und bildet eine ausreichend große Arbeitsfläche für kleine bis mittelgroße Projekte. Es kommt kein Wasser hindurch und wenn nötig können Sie die Matte sogar anstelle eines Bambusrollos zum Walken benutzen. Überschüssiges Wasser können Sie einfach abfließen lassen. Außerdem können Sie die Filzarbeit mit der Matte transportieren, denn sie stabilisiert selbst frisch ausgelegten Filz.

Wenn Sie in der Küche ein Edelstahlspülbecken haben, womöglich mit geriffelter Abtropffläche, dann können Sie dort arbeiten. Überflüssiges Wasser kann gut abfließen. Verwenden Sie anfangs ein Stück Noppenfolie, um die Wolle darauf auszulegen.

Auch andere Unterlagen sind möglich. Probieren Sie Verschiedenes aus dem Haushalt aus, wie Kunststoff- oder Metalltablett, Backblech, großen Blumentopfuntersetzer aus Kunststoff oder Umtopffolie mit hochklappbaren Rändern aus dem Gartenbedarf. Manche Filzer schwören auf Automatten oder Kofferraumwannen. Letztere sind zwar sperrig, eignen sich aber gut, wenn man mit viel Wasser arbeitet.

Material und Hilfsmittel · 15

3 Wasser

Sie können auf vieles verzichten, aber ohne Wasser geht es nicht. Meist wird geraten, heißes Wasser zu verwenden, gerade so heiß, dass man es noch an den Händen vertragen kann. Die meisten Kollegen lösen darin Seife auf.

Jedoch gibt es viele Wege, einen guten Filz herzustellen. Nach Jahren praktischer Erfahrung meine ich: Sie können mit kaltem Wasser nichts falsch machen, die Wolle filzt dennoch. Sie benötigen meist keine extra angerührte Lauge. Ich seife zwischendurch meine Hände ein und so kommt während des Filzens genug Seife in die Arbeit. Wenn ich festere Filzstücke auf dem Tisch habe, wie zum Beispiel ein Paar Schuhe, dann nehme ich in der Endphase für gewöhnlich heißes Wasser, weil ich den Eindruck habe, dass dies den Filzprozess beschleunigt. Aber ich beginne immer mit raumwarmem oder nur leicht temperiertem Wasser, da ich schlechte Erfahrungen beim Filzen von extrem feiner Wolle mit heißem Wasser gemacht habe. Das soll Sie nicht davon abhalten, es anders zu handhaben, aber wenn Sie dies im Hinterkopf behalten, dann werden Sie weit weniger Sorgen haben, wenn Sie einmal unter ungünstigen Bedingungen filzen müssen, und Sie müssen auch nicht mehr ständig den Wasserkocher anmachen.

4 Ballbrause (Bonsaibrause)

Die Ballbrause ist meiner Meinung nach das beste Gerät, allerdings auch etwas teurer. Damit lässt sich Wasser genau dosieren und sie können heißes Wasser aufnehmen, ohne sich die Hände zu verbrühen. Legen Sie die Ballbrause ganz zusammengedrückt ins Wasser zurück, wenn sie fast leer ist, damit sie sich vollziehen kann, während Sie weiterarbeiten. So ist ein störungsfreies Arbeiten möglich. Um wenig Wasser herauszudrücken, sollten Sie fest und zügig drücken und gleichmäßig arbeiten. Drücken Sie zu schwach, kommen nur dicke Tropfen heraus.

Eine preiswerte Alternative, inzwischen aber schwierig zu finden, ist eine Bügelwasserflasche. Gelegentlich ist es hier mühsam, den Deckel abzubekommen, und sie lässt sich nicht so einfach nachfüllen wie die Ballbrause. Sie können auch Plastikflaschen mit in den Verschluss gestochenen Löchern, Blumenspritzen, Schwämme oder kleine Reisigbesen zum Verteilen des Wassers verwenden.

5 Netz (Fliegengitter)

Wenn Sie in der Reibetechnik arbeiten, dann empfehle ich Ihnen ein Fliegengitter aus dem Supermarkt. Schneiden Sie es auf eine handliche Größe zu und benutzen Sie es, um die ausgelegte Wolle am Platz zu halten. Ohne das Netz fühlt sich die Wolle für die meisten weicher an, aber mit Netz können Sie sehr viel kräftiger reiben, ohne dass sich die Fasern verschieben. Für den Beginn einer Arbeit würde ich nicht auf dieses Hilfsmittel verzichten wollen. Anstelle des preiswerten Fliegennetzes können Sie auch andere Netzgewebe testen. Wichtig ist, dass sich das Material nicht mit der Wolle verbindet.

6 Seife und Seifenlauge

Ein wenig Seife ist in den meisten Fällen hilfreich. Manchmal wird Kernseife empfohlen. Diese ist preisgünstig, aber sie schäumt stark, kann die Haut reizen und im Extremfall allergische Reaktionen auslösen. Wenn Sie Ihre Hände schützen möchten, dann empfehle ich Ihnen Olivenseife. Olivenseife im 600-Gramm-Block pflegt dank Rückfettung nicht nur Haut und Wolle, auch ihre Würfelform ist sehr nützlich: Der schwere Seifenblock bleibt liegen, wenn Sie während der Arbeit mit der Hand darüber streichen. Wenn Sie große Flächen einseifen möchten, ist die Blockform ebenfalls praktisch – einfach sanft über die Arbeit gleiten lassen und die Fläche ist im Nu eingeseift. Wenn Sie möchten, können Sie auch einmal versuchen, mit Haarshampoo zu filzen. Bitte achten Sie darauf, dass das Shampoo keine Zusätze, wie Silikon, enthält.

Hinweis: In vielen Filzanleitungen finden Sie den Hinweis, dass Sie etwas Seife ins Wasser geben sollen, um sich auf diese Weise eine Lauge anzurühren. Ich verzichte darauf, weil im Laufe der Arbeit häufig doch weit mehr Seife in die Filzarbeit gelangt, als beabsichtigt war – ohne Probleme. In der von mir favorisierten Reibetechnik verwende ich Seife vor allem an der Oberfläche. In den Grund sickert sie von selbst. Bei ungefärbter Vlieswolle benutze ich manchmal Lauge, weil ich das Gefühl habe, dass diese Wolle, in der sich noch mehr natürliche Fettrückstände befinden, das Wasser dann schneller annimmt.

Material und Hilfsmittel · 17

Weitere nützliche Hilfsmittel

Ich finde es immer wieder erstaunlich, wie wenig es braucht, um einen guten Filz herzustellen. Nichtsdestotrotz gibt es ein paar sehr nützliche Hilfsmittel, die ich Ihnen an dieser Stelle vorstellen möchte. Natürlich brauchen Sie diese keineswegs sofort alle anschaffen.

1 Handtücher

Ich mag Dinge, die vielseitig verwendbar sind. Leinenhandtücher sind beim Filzen vielseitig einsetzbar: Man wischt sich die Hände daran ab, bevor man in trockene Wolle greift. Wenn sie irgendwann nass sind, nutzt man sie als Walkhilfe. Ein kleines Frotteehandtuch ist selbst im feuchten Zustand noch gut geeignet, um die Rillen der Filzmatte zu trocknen, wenn man die Arbeit beendet hat.

Halten Sie immer ein Leinenhandtuch und eventuell ein kleines Frotteetuch bereit.

2 Abflusssieb

Halten Sie stets den Abfluss flusenfrei, sonst wird es über kurz oder lang Rohrverstopfungen geben.

3 Walkholz (Filzmaus)

Wenn Sie regelmäßig filzen, sollten Sie die Anschaffung eines kleinen Walkholzes in Erwägung ziehen. Für den Anfang bietet es sich an, ein Walkholz zu erwerben, das gut in der Hand liegt, unter Filzern auch als „Filzmaus" bekannt. Das ist, im Grunde genommen, ein Waschbrett auf Füßen. Sie können die Filzmaus bequem und vielseitig einsetzen, beispielsweise zum Akzentuieren von Kanten oder Ecken. Insbesondere kann man damit auch Schuhe am Fuß in Form bringen oder den Boden und die Ecken einer Tasche schön herausarbeiten.

4 Sushimatte oder Bambusrollo

Ein Bambusrollo ist ein nützliches Arbeitsgerät, um den Druck der Hände auf eine große Fläche zu verteilen. Es eignet sich für alle flachen Arbeiten, die zu groß sind, als dass man sie nur mit den Händen rollen könnte, zum Beispiel Läufer und Teppiche. Entfernen Sie bei Rollos vor dem Benutzen die Scharniere. Ich setze allerdings das Bambusrollo fast nie ein, weil es mir lästig ist, es während des Trocknens im Weg stehen zu haben. Ich verwende für die Rolltechnik stattdessen Noppenfolie. Kleinere Dinge kann man wunderbar mit dem Leinenhandtuch oder ganz ohne Hilfsmittel rollen.

5 Nylonstrümpfe

Für die Rolltechnik, ganz gleich ob mit Bambusrollo oder Noppenfolie, benötigen Sie etwas zum Zuschnüren der Rolle. Nylonstrümpfe sind hervorragend dazu geeignet. Sie lassen sich schnell und einfach öffnen und immer wieder verwenden.

6 Schleuder

Wenn Sie die fertigen Filzarbeiten gut ausgewaschen haben, ist es nicht unbedingt notwendig, sie zu schleudern. Lassen Sie die Dinge einfach abtropfen und legen Sie sie zuletzt auf ein dickes Frotteehandtuch. Kleine Dinge können Sie in der Salatschleuder schleudern, was insbesondere Kindern riesigen Spaß macht. Größere Teile könnten Sie in der Waschmaschine schleudern.

Sollten Sie eine alte Wäscheschleuder haben, schätzen Sie sich glücklich. Gelegentlich werden diese günstig in Anzeigenblättern angeboten.

7 Essigessenz

Ein Schuss Essig im letzten Spülwasser ist vor allem bei festen, dickeren Arbeiten sinnvoll, die sich nicht optimal auswaschen lassen. Der Essig neutralisiert den ph-Wert der Arbeit, der durch die Seife ins Basische verschoben wurde.

Ein guter Filz setzt ein gewisses Maß an Arbeit voraus, wie die zwei Walkhölzer meiner Kollegin Kerstin Schürmann (www.werkstueck.net) zeigen. Ihre Taschen sind sehr beeindruckend. Deren Qualität ist, wie man anhand der Abnutzung beim rechten Walkholz sieht, nur durch harte Arbeit zu erreichen. Oft wird viel zu früh mit dem Walken aufgehört. Was einen guten Filz ausmacht, hat das Filznetzwerk unter „Freiwillige Qualitätssicherung" zusammengefasst (www.filznetzwerk.de).

Material und Hilfsmittel · 19

8 Digitalwaage

Man bekommt sehr schnell ein Gefühl für Wollmengen, wenn man sie, gerade am Anfang, öfter einmal wiegt. Meiner Ansicht nach ist es für Anfänger sehr hilfreich, wenn sie für das Anfertigen von Hohlkörpern die gleiche Menge Wolle für Vorder- und Rückseite abwiegen und bereitlegen. Später werden Sie die Wolle so gleichmäßig auslegen, dass Sie auf das Wiegen verzichten können.

9 Notizheft

Wie oft habe ich erlebt, dass ich etwas verschenkt habe und nachher nicht mehr wusste, wie viel Material ich für das Teil verwendet habe. Deshalb möchte ich Ihnen raten: Wenn Ihnen etwas besonders gut gelungen ist, dann machen Sie sich Notizen zu Material und Anfertigung. Wenn etwas so richtig schief gegangen ist, dann finden Sie heraus, warum, und schreiben Sie sich selbst eine Anweisung für ähnliche Problemfälle.

10 Probelappensammlung

Die Sammlung kann dazu dienen, schöne Muster für spätere Gelegenheiten bereitzuhalten. Sie können die Sammlung aber auch systematisch anlegen, indem Sie von jeder Wollqualität, die Sie neu kennenlernen, die gleiche Menge Wolle auf die gleiche Fläche auslegen und in gleicher Weise bearbeiten. Notieren Sie dazu den Namen der Wolle und wo Sie sie gekauft haben, wie stark die Wolle geschrumpft ist und ob es Besonderheiten während des Filzprozesses gab.

Mit Probelappen können Sie auch ausprobieren, ob die vorgesehene Gesamtmenge die gewünschte Materialstärke ergibt. Teilen Sie dafür die Gesamtfläche des geplanten Objekts durch die vorgesehene Wollmenge und stellen Sie ein vergleichbar dick ausgelegtes Probequadrat her.

11 Mess- und Schneidewerkzeug

Je nach Projekt benutze ich eine scharfe Schere, eine Nagelschere, ein Skalpell oder ein scharfes Messer. Mit dem Skalpell fährt man am besten an einem Metalllineal entlang und man legt am besten eine professionelle Schneideplatte oder eine dicke Glasplatte unter das Werkstück. Maßbänder können in fester oder flexibler Form sinnvoll sein, je nachdem, was man gerade vermisst.

12 Feste und mittlere Filznadeln

Für kleine Reparaturen kann es nützlich sein, ein paar Filznadeln in verschiedenen Stärken vorrätig zu haben. Für gewöhnlich benutzt man Filznadeln nur in trockenem Filz. Mit groben Nadeln kann man aber auch in einer feuchten Arbeit Stellen verbinden, die Probleme bereiten (siehe Seite 74).

Für die Oberflächengestaltung empfehle ich Ihnen die Anschaffung eines Filznadelhalters (z. B. Clover) mit dazugehöriger Unterlage.

13 Kreppklebeband

Das Klebeband ist nützlich, um bei Bedarf Folien zu montieren oder um eingerissene Schablonen zu flicken, wenn sie noch einmal benutzt werden sollen.

14 Frischhaltefolie

Fortgeschrittene nutzen Frischhaltefolie zum Abbinden von Einzelteilen, die beim Rollen der Arbeit nicht anfilzen sollen, oder zum Umwickeln von Grundformen, die umfilzt werden sollen. Nicht besonders ökologisch, aber sehr wirkungsvoll kann man auch eingerollte Dinge damit fixieren (siehe Kugeldose, Seite 104).

Mikrowelle und Wasserkocher

Je nachdem, wo und wie Sie filzen, werden Sie später vielleicht auf technische Hilfsmittel zurückgreifen wollen. In der Mikrowelle erwärmte Werkstücke werden meist sehr viel heißer als Filzarbeiten, über die Sie lediglich heißes Wasser gießen. Insbesondere wenn die Arbeit schon eine hohe Festigkeit aufweist, fließt neues Wasser einfach daran ab, während in der Mikrowelle das bereits von der Wolle gespeicherte Wasser erhitzt wird. Bitte behalten Sie die Arbeit während des Erhitzens im Auge und beachten Sie, dass der Filz sich an einzelnen Stellen extrem aufheizen kann, was nicht nur den Fingern weh tut, sondern auch den Eiweißstoff Wolle verändern kann.

Material und Hilfsmittel · 21

22 · Flächen filzen

*Die Anlage von
1000 Wäldern liegt in
einem Samenkorn.
R.W. Emerson*

Flächen filzen

Im ersten praktischen Kapitel möchte ich Ihnen zeigen, wie man eine Filzfläche herstellt. Ich beginne mit einer festen Fläche aus Vlieswolle. Diese Anleitung ist grundlegend für alle späteren Projekte. Außerdem erfahren Sie, wie Sie dünne, aber dennoch stabile Flächen aus Kammzug anfertigen sowie Gewebe befilzen können. Sie lernen zudem den Begriff Schrumpffaktor kennen und anwenden. Mit diesen Grundlagen können Sie bereits eine Vielzahl an Projekten in jeder Größe verwirklichen.

Überblick Filztechniken

Um eine Filzfläche herzustellen, stehen Ihnen zwei grundlegende Techniken zur Verfügung: die Reibetechnik mit anschließendem Walken und die traditionelle Rolltechnik. Lesen Sie hier, was die beiden Techniken ausmacht. Ich wechsle sie häufig nach Bedarf. Anhand der Schuheinlagen im Abschnitt „Feste Flächen" und des Schals in „Dünne Flächen" können Sie sich mit den verschiedenen Techniken vertraut machen.

Reibetechnik

Dies ist eine sehr kontrollierte Technik. Ich benutze sie fast immer zu Beginn einer Arbeit. Sie haben das Werkstück stets im Blick und können das stetige Verfestigen der Wolle mit Ihren Fingern fühlen. Insbesondere die Schablonenränder beim Hohlkörperfilzen gelingen auf diese Weise gut, da Sie die Wolle immer wieder von der Seite an die Schablone heranstreichen können. Sehr feiner Kammzug filzt bei der Reibetechnik möglicherweise nur an der Oberfläche und der Filz muss dann dringend noch gerollt werden.

Tipps: Vermeiden Sie überflüssiges Wenden einer angefilzten Arbeit aus Ungeduld. Sie riskieren damit, dass sich die Wollfasern verziehen. Wenden Sie nur, wenn Sie bei einem Hohlkörper die andere Seite mit weiterer Wolle belegen wollen oder wenn der Filz bereits über eine gute Festigkeit verfügt, weil Sie ausdauernd die erste Seite bearbeitet haben.

Wenn Sie im Sitzen arbeiten, dann achten Sie darauf, dass die Tischplatte nicht zu hoch ist. Verstellbare Tischböcke sind optimal. Wenn Sie permanent die Schultern hochziehen müssen, dann arbeiten Sie lieber im Stehen. Ärzte empfehlen das Kreuz zu entlasten, indem man ein Knie beugt und das andere Bein nach hinten streckt. Diese Haltung ist zunächst etwas gewöhnungsbedürftig, aber sehr schonend für den Rücken.

Rolltechnik

Die Rolltechnik ist für sehr feine Flächen geeigneter als die Reibetechnik. Auch lässt sich eine rechtwinklige Form in der Rolltechnik leichter beibehalten. In einem Bambusrollo ist es möglich, mehrere Teile gleichzeitig oder eine sehr große Fläche schnell zu filzen, denn der Druck, den die Hände sonst nur punktuell ausüben können, wird durch die Rolle auf eine breitere Fläche verteilt.

Die Rolltechnik dauert vielleicht etwas länger und gerade am Anfang können Falten entstehen, die Sie entweder zwischendurch glatt streichen oder als Teil des Arbeitsprozesses akzeptieren können. Aber Sie können damit auf langwieriges Anreiben verzichten und sehr schnell mit dem Walken beginnen. Viele Filzer klagen über Spannungsschmerzen beim Rollen oder sogar über wunde Unterarme durch das kraftvolle Rollen mit einer Bambusmatte. Auch ich wende daher sehr häufig wechselnde Techniken an (siehe Freistilfilzen).

Beachten Sie bitte immer: Was ganz innen liegt, schrumpft beim Rollen am meisten. Eine Trennfolie verhindert, dass der frische Fi ungewollt anfilzt, beispielweise an den Baumwollfäden des Rollo

24 · Flächen filzen

Reibetechnik	Rolltechnik
keine weiteren Hilfsmittel nötig, Netz als Hilfe beim Anreiben, später kann ein Walkholz unterstützen	gerollt wird in einem Bambusrollo oder einer Noppenfolie mit einem Kern aus Holz, Schaumstoff oder Leinenhandtuch, evtl. Malerfolie als Schutz zwischen Rollo und Filz
	Hilfsmittel benötigen Platz zum Trocknen und zur Unterbringung
ideal zu Beginn einer Arbeit, v. a. bei Hohlkörpern, sonst eher für kleinere Objekte	für große oder sehr dünne Flächen ideal, auch für das gleichzeitige Anfertigen mehrerer kleiner Teile
optimale Kontrolle über das Ergebnis, direkter Blickkontakt	Rolle muss immer wieder geöffnet und neu verschnürt werden, um das Ergebnis zu kontrollieren
schrumpft gleichmäßig	schrumpft unterschiedlich stark, im Rollenkern am meisten
	dauert etwas länger
	wird möglicherweise etwas dichter als bei anderen Techniken
für Grobmotoriker weniger gut geeignet	Faltenbildung zu Beginn
besonders geeignet, um Muster anzufilzen	auch für sehr feine Kammzüge geeignet, die in der Reibetechnik nur oberflächig verfilzen
bequem im Sitzen ausführbar	verursacht ggf. physisches Unbehagen aufgrund ungewohnter Körperhaltung oder weil die Unterarme vom Rollen wund werden; Letzteres lässt sich durch Einwickeln der Rolle in eine nasses Handtuch verhindern
wird durch direkten Kontakt zur Wolle oft als wohltuend, „erdend" empfunden	traditionelle Technik der Nomaden

Freistilfilzen

Für gewöhnlich beginne ich in der Reibetechnik. Nach der Zupfprobe (siehe Seite 30) rolle ich die Arbeit ohne weitere Hilfsmittel auf und rolle von allen Kanten und von beiden Seiten. Ist die Fläche bereits gut verfilzt, knete ich sie in jede Richtung wie einen Brotteig; das wird Walken genannt. Dabei schrumpft der Filz besonders schnell. Fängt man zu früh damit an, verschieben sich die Fasern und es entsteht eine unruhigere Oberfläche oder sogar Löcher.

Wenn Sie in dieser Weise walken, geschieht es manchmal, dass die Mitte sehr viel öfter bearbeitet wird als die Ecken. Dann entsteht eine ungleichmäßige Form. Bedenken Sie dies frühzeitig und widmen Sie den Ecken besondere Aufmerksamkeit. Sollte die Fläche dann immer noch ungleichmäßig sein, rollen Sie den Filz von der Seite auf, die Sie kürzen möchten. Zu diesem Zeitpunkt können Sie jederzeit zwischen der Rolltechnik und den anderen Techniken wechseln.

Flächen filzen · 25

Geringelt, gepunktet, gestreift – diesen Winter wird es bunt in den Schuhen. Die farbenfrohen Einlagen für kuschelig warme Füße sind im Nu gefilzt und eine nette Geschenkidee für Frostbeulen. Sobald Sie wissen, wie eine feste Filzfläche gemacht wird, können Sie von Untersetzer über Sitzkissen bis Teppich alles filzen, was sich aus der Fläche herstellen lässt.

26 · Flächen filzen

Feste Flächen – Reibetechnik

Motivgröße:
hier Schuhgröße 36–40

Sie brauchen:
- Bergschafwolle im Vlies in zwei Farben, insgesamt ca. 60–90 g

Hilfsmittel:
- Filzunterlage
- Ballbrause
- Seife
- Wasser
- Bandmaß
- Netz
- wasserlöslicher Folienschreiber oder Textilmarker
- Schere

Schrumpffaktor:
mindestens 1,3

Vorlage:
Seite 140

Die Reibetechnik ermöglicht Ihnen maximale Kontrolle über Ihr Werkstück, was ich insbesondere beim Hohlkörperfilzen schätze. Ich beginne immer damit, um dann je nach Arbeit früher oder sehr viel später zur Rolltechnik überzugehen. Wenn Sie gegen Ende einer Arbeit walken, werden Sie zwischenzeitlich möglicherweise wieder auf die Reibetechnik zurückgreifen wollen, um die Oberfläche zu glätten. Theoretisch könnten Sie eine Arbeit ganz in Reibetechnik herstellen. Aber es geht auch schneller.

1 Vlieslagen abheben
Vlies reißt man nicht ab wie Kammzug (vgl. Seite 37), sondern hebt die einzelnen Lagen ab. Wenn Sie beherzt von unten und oben in die Wolle greifen und sie auseinanderziehen, erhalten Sie schön gleichmäßige Lagen. Diese können in gleicher Weise immer stärker ausgedünnt werden. Für kleinere Arbeiten ist es perfekt, wenn Sie gerade noch durch die Wolle hindurchschauen können.

2 Vlies reißen
Wenn die Wolle dünn genug ist, können Sie sie in kleinere Stücke reißen. Dazu hineingreifen und an der gewünschten Stelle teilen.

3 Vlies auslegen
Die kleinen Wollstücke nun dachziegelartig, d. h. leicht überlappend, auslegen. Dabei systematisch an einer Kante anfangen und die Wollstücke leicht überlappend auslegen (für die Sohlen ca. 30 cm x 40 cm). Statt danach dünne Stellen zu „stopfen", legen Sie die nächste dünne Lage auf. Brauchen Sie so die gesamte Wolle auf. Der Filz wird umso gleichmäßiger, je mehr dünne Lagen aufeinandergestapelt sind. Die Schichten können Sie auch in unterschiedlichen Farben auslegen (bei diesem Projekt wird nach dem Aufbrauchen der roten Wolle mit Grün weitergearbeitet).

4 Wolle befeuchten
Wie viel Wolle Sie auslegen, bevor Sie zum Wasser greifen, ist Ermessenssache. Es hat mit Ihrem persönlichen Stil, aber auch mit der Wollqualität zu tun. Ich empfehle, die Lagen nicht zu dick werden zu las-

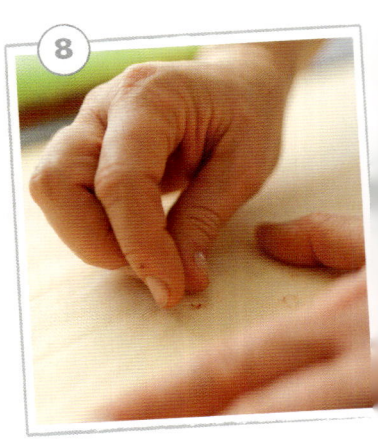

sen. In unserem Beispiel würde ich die orangefarbene Hälfte der Wolle auslegen und dann ein erstes Mal zum Wasser greifen. Je dicker Ihr Wollhaufen ist, desto schwieriger wird es, mit wenig Wasser zu arbeiten.

Legen Sie vorsichtig ein Netz über die Wollfläche und befeuchten Sie sie mit einer Ballbrause. Arbeiten Sie flott und systematisch.

5 Wolle andrücken

Drücken Sie die Wolle nun mit seifigen Händen auf den Tisch, ohne sie zu verschieben oder bereits zu reiben. Falls nötig, geben Sie weiteres Wasser systematisch dazu. Es ist immer leichter, Wasser nachzunehmen als überflüssiges zu entfernen. Wiederholen Sie den Vorgang dann mit der restlichen (orangefarbenen) Wolle. Drücken Sie die Wolle immer flach, bevor Sie weiteres Wasser daraufgeben. Halten Sie unten einen Moment inne, damit sich das Wasser in Ruhe verteilen kann. Danach haben Sie möglicherweise einzelne flache, dunkle Stellen, an denen sich viel Wasser gesammelt hat (diese werden oft fälschlich für zu dünn ausgelegte Stellen gehalten), und einige wenige, die noch dicker und trockener sind. Beim anschließenden Reiben verteilt sich das Wasser. Ist die Arbeit noch überall sehr dick, geben Sie erneut etwas Wasser darauf und drücken Sie die Wolle abermals flach.

Eine kleine Übung hilft, sich bewusst zu machen, wie fein man Druck steigern kann: Nehmen Sie einen weichen Bleistift zur Hand und zeichnen Sie zehn Kästchen. Das erste Kästchen lassen Sie weiß. Das letzte Kästchen malen Sie mit dem Bleistift so schwarz aus, wie es nur geht. Füllen Sie nun die acht verbleibenden Kästchen mit immer dunkler werdenden Grautönen. Sie werden merken, wie schwierig das ist. Oft bekommt man anfangs nur drei verschiedene Grautöne zustande statt acht.

6 Handhaltung beim Anfilzen

Streichen Sie mit der Hand einmal über die Seife und beginnen Sie an einer der nassen Stellen mit kleinen, vorsichtigen Reibebewegungen. Die Hand muss dabei ganz entspannt aufliegen. Die Kreisbewegungen sind zu Beginn noch vorsichtig. Im Laufe der Arbeit werden Sie immer kräftiger reiben können und müssen. Wichtig ist, dass Sie bewusst arbeiten, damit Sie sehen, wenn etwas verrutscht, und fühlen, was mit der Wolle passiert.

Die Reibebewegung darf allerdings an den Stellen, die noch nicht so nass sind, auch nicht zu leicht erfolgen, denn ein wenig Druck drückt das unten befindliche Wasser in die oberen Schichten.

7 Anfilzen

Von den besonders feuchten Stellen ausgehend vergrößern Sie nach und nach die Reibefläche und verteilen dabei das Wasser gleichmäßig in der Arbeit. Streichen Sie zwischendurch mit den Händen einmal über die Seife. Sie befördert nicht nur den Filzprozess, indem sie den ph-Wert der Wolle verändert, sie ist zugleich auch Gleitmittel. Meiner Erfahrung nach benötigt man die Seife auch dann noch an der Oberfläche, wenn sie bereits in Form von Lauge in der Arbeit ist. Damit nicht zu viel Seife in die Arbeit gelangt, nehme ich klares Wasser zum Benetzen und so viel Seife, wie ich dann noch brauche, um problemlos über die Fläche zu streichen.

Überprüfen Sie dann: Liegt die gesamte Wolle flach auf dem Tisch oder gibt es noch erhöhte trockene Stellen? Wenn nötig geben Sie noch einmal etwas Wasser auf diese Stellen und reiben Sie sie, bis alles gleichmäßig flach liegt. Heben Sie dann das Netz vorsichtig an und ziehen Sie es flach ab. Wenn nötig unterstützt die zweite Hand diese Arbeit, indem sie angefilzte Wolle festhält.

8 Knötchenalarm

Falls während des Reibens kleine Knötchen auf dem Netz entstehen, sollten Sie bereits zwischendurch einmal das Netz vorsichtig anheben und die gröbsten entfernen. Danach legen Sie das Netz wieder auf und reiben weiter. Es ist nicht notwendig, zwischendurch alle Knötchen aus dem Netz zu zupfen. Nur die Verbindung zur Wolle muss getrennt werden. Bevor Sie eine andersfarbige Wolle auflegen, entfernen Sie die gröbsten orangefarbenen Wollflusen, damit diese nicht die grüne Wolle verunreinigen. Da dies bedeutend einfacher geht, wenn das Netz trocken ist, nehme ich eine gründliche Reinigung erst am Schluss vor.

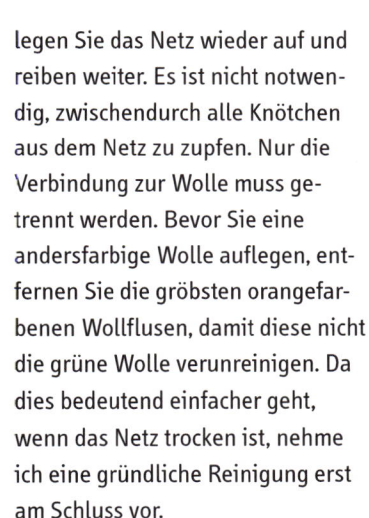

Dies ist auch die Methode, wie Sie Vlies für Schichtfilz auslegen. Merino-Schnittreste können dann zu interessantem Schmuck verarbeitet werden, wie auf Seite 132 gezeigt.

9   Nächste Wollschicht auflegen

Dann legen Sie die nächste Schicht wie oben beschrieben auf, hier wird dafür grüne Wolle verwendet. Legen Sie die gesamte grüne Wolle auf. Wie viel Wolle Sie auf einmal auflegen, ist Ermessenssache und hängt auch vom verwendeten Material ab. Je mehr Wolle Sie auf einmal auflegen, desto schwieriger wird es, mit wenig Wasser auszukommen.

10   Oberseite filzen

Legen Sie das Netz wieder auf und reiben Sie die Fläche, bis sich die Oberfläche deutlich fester anfühlt. Dann können Sie das Netz abnehmen und ohne dieses weiter reiben. Viele mögen das, weil sich die feuchte Wolle sehr schön anfühlt. Je länger Sie reiben, desto fester wird der Filz und desto kraftvoller können Sie reiben, ohne dass sich Fasern verschieben. Bearbeiten Sie unbedingt die Kanten mit, selbst wenn Sie sie später abschneiden müssen, weil sie zu dünn und damit unbrauchbar sind. Wenn Sie sie gar nicht reiben, müssen Sie umso mehr abschneiden; außerdem könnten die Stellen beim Walken zusammenfilzen.

11   Fläche wenden

Wenden Sie die Arbeit, indem Sie sie an den oberen Ecken greifen und rasch und immer auf dem kürzesten Weg umklappen.

»

Gut zu wissen

Schrumpfung und Schrumpffaktor

Filzwolle schrumpft beim Verfilzen. Die Schrumpfung hängt von mehreren Faktoren ab: Material (Filzwolle ist nicht gleich Filzwolle), Dicke der ausgelegten Fläche (dünne Flächen schrumpfen vergleichsweise stärker), Intensität der Bearbeitung.

Als Schrumpffaktor wird der Faktor bezeichnet, mit dem Sie eine Kantenlänge multiplizieren müssen, um zu erfahren, wie groß die Filzfläche ausgelegt werden muss, damit diese nach dem Verfilzen der Wolle die gewünschte Größe hat.

Ein Schrumpffaktor von 1,3 ist ein guter Richtwert für die meisten Arbeiten. Wenn Sie ein Quadrat von 10 cm x 10 cm aus Filz herstellen möchten, müssen Sie mit der trockenen Wolle eine Fläche von 13 cm x 13 cm auslegen.

Möchten Sie einen besonders festen Filz herstellen, der großen Belastungen standhalten muss (z. B. für Hausschuhe), dann erhöhen Sie den Schrumpffaktor entsprechend, z. B. auf 1,5–1,6. Je länger Sie die Arbeit walken, desto stärker schrumpft sie und desto solider wird der Filz. Ich arbeite inzwischen mit einem sehr hohen Schrumpffaktor von bis zu 2, damit der Filz flexibel bleibt und eine stoffähnliche Qualität erhält. Für Schuheinlagen ist dies allerdings nicht sinnvoll.

12   Rückseite filzen

Wenn man die Vorderseite schon sehr fest gerieben hat, besteht die Gefahr, dass man nun auf der Rückseite unangemessen kräftig weiterreibt. Benutzen Sie ggf. wieder das Netz, in jedem Fall aber weniger Druck. Die Rückseite wurde bislang nur indirekt bearbeitet, die Fasern könnten noch verrutschen.

13   Zupfprobe machen

Wenn Sie auch die Rückseite bis zu einer gewissen Festigkeit gerieben haben, können Sie die Zupfprobe anwenden. Wenn sich keine Fasern mehr herausziehen lassen, könnten Sie die Fläche problemlos ausspülen, trocknen und weglegen, bis Sie ein anderes Mal Zeit haben, um daran weiterzuarbeiten. Bei größeren Projekten ist dies ein wichtiger Zeitpunkt. Sie sollten nach Möglichkeit planen, bis hierhin zu kommen, bevor Sie eine längere Pause einlegen.

14   Walken in der Rolltechnik

Es geht nun schneller voran, wenn Sie zur Rolltechnik übergehen. Bei einer kleinen, gut angefilzten Fläche benötigen Sie nicht unbedingt Hilfsmittel. Sie können eine Rohrisolierung oder ein Holzstöckchen als Kern verwenden oder die Wolle in ein nasses Leinentuch einrollen (damit das Tuch der Arbeit nicht die notwendige Feuchtigkeit entzieht). Die Arbeit sollten Sie von allen acht Seiten her – viermal von jeder Kante der Vorderseite, viermal von jeder der Rückseite aus – einmal gerollt haben; auf diese Weise schrumpft der Filz schön gleichmäßig. Rollen Sie die Seiten wechselnd weiter, bis die Fläche das gewünschte Maß hat (für die Sohlen ca. 20 cm x 30 cm).

15   Walken im Freistil

Das Walken können Sie beschleunigen, indem Sie die gut verfilzte Fläche in jede Richtung kneten wie einen Brotteig (siehe Freistilfilzen, Seite 25). Auch eine Walkmaus, mit der Sie über die seifig-nasse Oberfläche reiben, kann hilfreich sein, ist aber mit Vorsicht anzuwenden, wenn Sie die Oberfläche mit kleinteiligen Mustern verziert haben.

16   Geschrumpfte Fläche

Ganz schön geschrumpft der Filz! Unten die Fläche nach dem Anfilzen, oben die fest gewalkte Fläche.

17   Sohlen zuschneiden

Zeichnen Sie nun die Sohlen mit einer Schablone und einem wasserlöslichen Stift auf den Filz und schneiden Sie sie zu. Die Schnittkanten müssen bei einem festen Filz in der Regel nicht mehr nachbearbeitet werden.

18   Fertigstellen

Die Sohlen anschließend ausspülen und auf einem Handtuch trocknen. Fertig ist Ihr erstes Stück Qualitätsfilz.

30 · Flächen filzen

Uhrenarmbänder
individueller Armschmuck

Motivgröße:
ca. 26 cm x 5 cm

Sie brauchen:
- feine Filzwolle im Kammzug oder Vlies, 5–10 g
- einige Seidenfäden
- Knopf
- Uhr
- Nadel und Faden

Schrumpffaktor:
1,4–2

Die kuschelige Alternative zum Leder-Armband! Uhren erhalten Sie im Hobbyfachhandel. Oder schauen Sie in Ihrer „Schatzkiste", ob nicht noch eine alte Uhr enthalten ist, deren Band Sie austauschen können.

1 Legen Sie wie auf Seite 27 beschrieben eine ca. 50 cm x 10 cm große Fläche aus und gestalten Sie die Oberfläche mit einigen Seidenfäden. Die Fäden können auf die Oberseite der trockenen oder angefeuchteten Fläche aufgelegt werden. Ich habe einen hohen Schrumpffaktor von 2 gewählt. Da dieses Band belastet wird, muss es stabil gefilzt sein, die Dicke hingegen ist weniger relevant.

2 Filzen Sie dann die Fläche wie bei den Einlegesohlen beschrieben. Mein fertig zugeschnittenes Band misst ca. 26 cm x 5 cm. Passen Sie die Länge an Ihr Handgelenk an. Das Knopfloch sollte zunächst sehr knapp bemessen sein, da es beim Gebrauch noch nachgeben kann. In einen fest gearbeiteten Filz können Sie es mit einem Skalpell schneiden, ohne es durch Nähen verstärken zu müssen. Die Uhr wird einfach aufgenäht.

Tipp: Die Bänder sind auch ohne Zeitmesser ein attraktiver Armschmuck und können dann etwas weicher ausfallen (Schrumpffaktor 1,4). Weitere Ideen zur Oberflächengestaltung finden Sie auf Seite 114.

Flächen filzen · 31

Puzzle-Untersetzer
originelle Tischdeko

Motivgröße:

ca. 25 cm x 25 cm
(4er-Gruppe)

Sie brauchen:

- feinste Merinowolle im Vlies, ca. 50 g

Schrumpffaktor:

mindestens 1,4; gerne bis 2

Vorlage:

Seite 140

1 Diese Puzzleteile ergeben einzeln ausgefallene Glasuntersetzer, in Vierergruppen zusammengefügt eignen sich die Untersetzer für Schüsseln und Töpfe. Wer es größer mag, kann auch eine kleine Tischdecke anfertigen, die sich in vier Platzsets teilen lässt.

2 Legen Sie die Wolle auf einer Fläche von 35 cm x 35 cm aus (bei Schrumpffaktor 1,4) und filzen Sie daraus wie bei den Einlegesohlen ab Seite 27 beschrieben eine feste Fläche.

3 Schneiden Sie die fertige und ausgespülte Fläche in vier Teile. Ich filze solche Teile immer so fest, dass die Kanten nicht mehr nachbearbeitet werden müssen, sonst passen die Teile zuletzt nicht mehr zusammen. Mit feinstem Merino-vlies erziele ich die besten Ergebnisse.

Origami-Schachteln
effektvolle Geschenkverpackung

Motivgröße:

ca. 22 cm x 22 cm

Sie brauchen:

- Filzwolle im Kammzug oder Vlies, 50 g
- Lederschnur, Geschenkband oder Wollfaden
- Nadel mit entsprechend großer Öse

Schrumpffaktor:

mindestens 1,3; gerne 2

Hinweis: Diese Geschenkverpackungen entstanden nach einer Idee von Arno Hoffmann, Wegberg.

1   Allerlei Sachen lassen sich in diesen raffinierten Schachteln originell verpacken. Legen Sie für die hier gezeigten, ca. 12 cm x 12 cm großen Verpackungen (Bodenfläche) wie auf Seite 27 beschrieben eine ca. 50 cm x 50 cm große Fläche aus (Schrumpffaktor 2).

2   Die Oberflächen sind hier mit Nadelvlies-Kreisen bzw. handkardierter Wolle gestaltet (siehe Seite 114). Diese kleinen Flächen eignen sich wunderbar, um neue Verfahren auszuprobieren.

3   Filzen Sie die Fläche wie bei den Einlegesohlen beschrieben zu Ende. Schneiden Sie dann aus der ausgewaschenen Fläche ein Quadrat zu und schneiden Sie an allen Ecken 1 cm ab. Ziehen Sie das Verschlussband wie abgebildet durch.

Flächen filzen · 33

Schriftrollenmethode

Motivgröße:

ca. 150 cm x 16 cm

Sie brauchen:

- Merinowolle in Grundfarbe, ca. 120 g
- Bergschafwolle für Zwischenschritt, ca. 30 g

Hilfsmittel:

- Filzunterlage
- Ballbrause
- Seife
- Wasser
- Bandmaß
- Netz
- Noppenfolie, 75 cm breit, 3 m lang
- Rohrummantelung (Baumarkt), 75 cm lang
- Gummibänder oder alte Strümpfe zum Verschließen der Rolle

Schrumpffaktor:

mindestens 1,4

Vorlage:

Seite 140

Sie haben große Pläne, aber nur eine kleine Arbeitsfläche? Lassen Sie sich dadurch nicht einschränken. Zwar ist es von Vorteil, wenn man die ganze Arbeit mit einem Blick übersehen kann; es ist dann leichter eine gleichmäßige Breite zu erzielen und man hat stets das ganze Muster im Blick. Aber mit der Schriftrollenmethode können Sie auch unter nicht optimalen Bedingungen sehr lange Flächen anfertigen.

1 Erstes Teilstück anfertigen

Als Unterlage können Sie problemlos Ihre Riefenmatte verwenden. Schneiden Sie die Noppenfolie etwas größer als die beabsichtigte Auslagefläche zu und beginnen Sie, ein erstes Teilstück in gewohnter Weise zu belegen.

Günstig wäre es, wenn Sie die Arbeit in einem Rutsch zu Ende führen. Beginnen Sie in der gleichen Weise wie ab Seite 27 beschrieben mit dem Auslegen, Andrücken, Befeuchten und Anfilzen der Wolle. Lassen Sie hier aber einen schmalen Rand an der Ansatzstelle trocken, damit Sie problemlos das nächste Teilstück ansetzen können. Wenn Sie bis zum Bestehen der Zupfprobe arbeiten, können Sie die Filzfläche vorsichtig auswaschen (Ansatzkante trocknen lassen), falls Sie die Arbeit einige Tage unterbrechen wollen.

2 Teilstück einrollen

Dann rollen Sie das angefilzte Stück ggf. über einen Kern ein.

3 Nächstes Teilstück ansetzen

Nun setzen Sie – wieder schichtweise – das nächste Teilstück an. Hier wieder ebenso wie in Schritt 1 beschrieben verfahren. Bis der Läufer die gewünschte Länge hat, bleibt immer das Endstück als Ansatzstelle trocken.

4 Fertigstellen

Arbeiten Sie so Stück für Stück weiter und reiben Sie jedes Teilstück gut an, bevor Sie es aufrollen. Wenn Sie ausgiebig in der Reibetechnik gerieben haben, können Sie die Filzfläche ohne weitere Hilfsmittel rollen, wie ich es meistens tue.

Aus dem schlichten Tischläufer wurde dank raffinierter Einschnitte ein absoluter Blickfang. Zeichnen Sie Vorlage von Seite 140 auf der Rückseite des Läufers auf und schneiden Sie mit das Motiv einem Skalpell aus. Wenn Sie die Sterne in feuchtem Zustand nach oben klappen, bekommen Sie den gewün-schten Effekt. Auch Blumen- oder Schmetterlingssilhouetten machen sich wunderbar.

Gut zu wissen

Wollbedarf ausrechnen

Um den Wollbedarf für eine größere Arbeit auszurechnen, benötigen Sie ein Referenzobjekt. Entweder Sie nehmen eine fertige Arbeit und rechnen den Wollbedarf anhand des dafür verwendeten Materials hoch oder Sie fertigen einen kleinen Probelappen in der gewünschten Stärke an und rechnen dann hoch. Eine kommentierte Probelappensammlung kann insbesondere am Anfang sehr hilfreich sein.

Auslagefläche verbreitern

Mithilfe einer breiten Bambusmatte können Sie bei der Rolltechnik Ihre Auslagefläche auf einem schmalen Tisch verbreitern. Damit kein Wasser auf den Boden tropft, legen Sie eine Malerfolie auf die Matte und legen erst dann die Wolle aus. Befeuchten Sie dann die Wolle und reiben Sie sie. Wenn Sie die Matte später zusammenrollen und um 90 Grad drehen, können Sie in der Regel wieder bequem auf dem Tisch arbeiten.

Flächen filzen · 35

Besonders schön wird der Schal aus Seidenfilz. Es gibt Kammzug mit bis zu 50 Prozent Seidenbeimischung. Sie können ihn verarbeiten wie gewöhnlichen Kammzug, allerdings ist das Material etwas schwieriger auszulegen. Sorgen Sie für eine hohe Luftfeuchtigkeit, dann geht es leichter.

Dünne Flächen – Rolltechnik

Motivgröße:
ca. 200 cm x 30 cm

Sie brauchen:
- feine Merinowolle im Kammzug oder Seidenfilz, ca. 100 g

Hilfsmittel:
- Noppenfolie oder Malerfolie, 75 cm breit, 3 m lang
- Rohrummantelung (Baumarkt), 75 cm lang
- Gummibänder oder alte Strümpfe zum Verschließen der Rolle
- Ballbrause
- Seife
- Wasser
- Bandmaß
- Netz

Schrumpffaktor:
1,5–1,6

Eine hauchdünne Fläche auszulegen, gehört zu den Herausforderungen, die Sie erst angehen sollten, wenn Sie schon ein wenig Erfahrung gesammelt haben. Es gelingt mit Übung immer besser und ist auch Voraussetzung für das Filzen auf Gewebe und die Herstellung von Kleidungsstücken aus Filz.
Der Wollschal wird aus Kammzug in der Rolltechnik gefertigt, mit der sich auch größere Flächen zügig bearbeiten lassen. Am Beispiel dieses Schals zeige ich Ihnen außerdem, wie eine gerade, handgefilzte Kante ohne Zuschneiden des Filzes gefertigt wird.

Eine so dünne Fläche auszulegen, ist ein ehrgeiziges Projekt und Seidenfilz ist anspruchsvoll. Geben Sie nicht auf, wenn es nicht auf Anhieb klappen sollte.

1 Kammzug ausziehen
Als Unterlage benötigen Sie eine lange Bahn Noppenfolie. Wenn Ihre Arbeitsfläche dafür nicht ausreicht, können Sie die auf Seite 34 beschriebene Schriftrollenmethode anwenden. Dieses Mal liegt die glatte Seite der Noppenfolie oben. Für einen 200 cm x 30 cm großen Schal legen Sie eine Fläche von ca. 290 cm x 50 cm aus. Kammzug müssen Sie anders ausziehen als Vlies. Da die Wollhaare lang sind und sich nicht zerreißen lassen, greifen Sie mit möglichst viel Abstand in die Wolle und ziehen mit einer Hand an den herausragenden Spitzen. Greifen Sie nur mit den Fingerspitzen und dem Handballen und verwenden Sie keine Kraft. Je weniger Wolle Sie greifen, desto feiner wird die ausgezupfte Wollflocke. Wenn Sie immer noch Kraft beim Zupfen der Wolle brauchen, nehmen Sie noch weniger Wolle oder versuchen Sie eine andere Handhaltung, bis es mühelos gelingt.

2 Kammzug auslegen
Legen Sie eine erste Schicht Kammzug dachziegelartig überlappend aus und lassen Sie eine zweite Schicht folgen, die im 90 Grad Winkel dazu aufgelegt wird. Lassen Sie einen deutlichen Abstand zu den Folienrändern. Wenn Sie bereits viel Übung haben, genügen zwei Lagen. Kleine Löcher verschwinden später, wenn Sie einen höheren Schrumpffaktor gewählt haben, d. h. die Wolle länger walken.

Tipp: Arbeiten Sie immer mit einer geraden Anzahl Lagen. Fortgeschrittene beschränken sich auf zwei Lagen für einen dünnen Filz, Anfänger planen besser vier Lagen. Damit Sie

Flächen filzen · 37

immer gleich viel Wolle pro Lage verwenden, legen Sie die Wolle vor dem Auslegen am besten in entsprechend viele Päckchen zurecht. Vlies einfach abwiegen, bei Kammzug gleich lange Stränge zurechtzupfen. In welche Richtung Sie mit dem Auslegen beginnen, hat bei Mustern Einfluss auf die Gestaltung.

3 Wollflocken am Rand auflegen

Das Ende der Wolle, das Sie beim Zupfen in der Hand halten, ist dichter und einheitlicher als das andere Ende. Nutzen Sie diesen Effekt, indem Sie die Wolle an den Rändern einer Arbeit immer so legen, dass diese Stelle außen liegt. Legen Sie die Wolle immer dann, wenn Sie an eine Kante stoßen, bewusst mit dem „Kopf" nach außen. Ordentliches Auslegen ist entscheidend, wenn Sie eine gerade Kante wünschen.

4 Farbverlauf anfertigen

Wechseln Sie während des Auslegens ruhig die Farben. Schöne Effekte gibt es, wenn an einigen Stellen die gleiche Farbe in den verschiedenen Lagen übereinanderliegt und an anderen Stellen jeweils verschiedene Farben übereinanderliegen und die Farbschichten sich beim Walken vermischen.

5 Fläche befeuchten und andrücken

Benetzen Sie die Fläche dann mithilfe der Ballbrause mit Wasser und drücken Sie die Wolle wie auf Seite 28 beschrieben flach.

6 In der Reibetechnik beginnen

Um das Einseifen der Fläche zu beschleunigen, können Sie sehr leicht mit dem Seifenblock über das Netz fahren. Nur mit den Händen würde es deutlich länger dauern.

Gut zu wissen

Gerade Ränder

Legen Sie die Ränder am besten immer wie in Schritt 3 beschrieben aus, vor allem bei dünnen Flächen. Wenn dann noch Fasern herausstehen, können Sie nach dem Befeuchten und Andrücken der Wolle einfach mit der Fingerspitze am Rand des angefeuchteten Filzes entlangfahren und die Fasern so heranschieben.

Sie könnten zwar auch später noch die Ränder der Arbeit umklappen und anfilzen. Allerdings ist der Filz dann an diesen Stellen dicker, was auffallen kann. Deshalb rate ich Ihnen, nur solche Ränder umzuklappen, die verstärkt werden sollen, z.B. an Taschenöffnungen. Umschläge sollten ansonsten so vorsichtig vorgenommen werden, dass keine auffallenden Unterschiede in der Stärke entstehen.

7 Erstes Teilstück bearbeiten

Wenn Sie nun das erste Teilstück reiben, bewegen Sie die Hand in kleinen Kreisen: Bei der Bewegung vom Rand nach innen geben Sie etwas mehr Druck und wenn die Hand nach außen geführt wird, lässt der Druck stark nach. Natürlich handelt es sich hier um Nuancen. Auf diese Weise werden einzelne Fasern vorsichtig an die Arbeit geschoben und verdichten sich dort.

Es geht nicht darum, besonders lange zu reiben. Wenn alles flach auf der Folie liegt, ohne dabei in Wasser zu schwimmen, dann ist dieses Teilstück für den Augenblick fertig.

8 Ganze Fläche anfilzen

Bearbeiten Sie dann die nächste Fläche in gleicher Weise. Dafür wird das Netz gewendet und auf das nächste Teilstück gelegt. Lassen Sie an der Übergangsstelle ein wenig Netz auf der nassen Arbeit liegen und heben Sie das Netz nur vorsichtig bis dort an. Während die noch aufliegende nasse Kante das Netz etwas spannt, klappen Sie es um und legen es auf den nächsten Abschnitt. Anderenfalls würde das Netz in der Hand „zusammenkleben" und ließe sich nur schwer wieder glatt streichen oder ohne Hilfe neu auflegen. Auf diese Weise verfahren Sie immer wieder, bis Sie den ganzen Schal vorsichtig angerieben haben. Ihr Netz sollte nicht zu groß sein. Ein kleines Netz ist deutlich einfacher zu handhaben als ein großes.

9 Folie auflegen

Nehmen Sie dann das Netz ab und legen Sie Malerfolie auf die nasse Arbeit. Falls es Luftblasen gibt, streichen Sie diese einfach nach außen aus.

10 Fläche aufrollen

Rollen Sie dann alles vorsichtig von einer Seite auf. Empfehlenswert ist es, dabei eine Rohrummantelung als Kern zu benutzen, wie man sie günstig im Baumarkt erhält. Alternativ können Sie ein nasses Handtuch zu einem festen Kern rollen und hineinlegen.

Idealerweise beginnt man mit einem dicken Kern und arbeitet dann später mit immer kleineren Kernen, bis man zuletzt ganz auf den Kern verzichtet. So lassen sich Falten vermeiden. Am besten sind feste Kerne geeignet. Für den Anfang ist eine sogenannte Schwimmnudel ideal, später geht man dann zu Holzstöcken über.

11 Rolle verschnüren

Wenn Sie fertig sind, schnüren Sie die Rolle entweder mit Gummibändern oder mit alten Strümpfen zusammen: Den Strumpf um die Rolle legen und ein Ende zweimal unter dem anderen hindurchführen. Mit diesem Knotentrick können Sie die Rolle jederzeit schnell öffnen und nachsehen, wie weit die Arbeit gediehen ist.

12 Filzen in der Rolltechnik

Nun wird gerollt. Rollen Sie mit den Unterarmen und geben Sie wirklich Druck auf die Rolle. Achten Sie auf eine gesunde Körperhaltung (siehe Tipp Seite 24). Die nassen Fasern werden zwischen den Folien am Platz gehalten und durch die Rollmethode sind Sie viel schneller, als wenn Sie diese riesige Fläche allein mit Ihren Händen bewältigen wollten. 200 Mal hin und zurück rollen ist ein guter Richtwert, bevor Sie die Rolle öffnen.

13 Filzprozess kontrollieren

Öffnen Sie immer mal wieder die Rolle und wickeln Sie das Tuch von einer anderen Seite wieder ein (vgl. Anleitung Rolltechnik auf Seite 24). Dadurch schrumpft es gleichmäßig.

14 Walken im Freistil

Der lange Schal lässt sich bedeutend einfacher von den kurzen Seiten aufrollen als von der Längsseite. Tun Sie dies ausgiebig. Später können Sie den gut angefilzten Stoff auch falten und dann leichter von der Seite rollen. Oder Sie gehen gleich zum sogenannten Freistilfilzen (siehe Seite 25) über. Raffen Sie dafür das ausgerollte Tuch auf beiden Seiten zusammen; die Folien vorher entfernen. Machen Sie zuvor unbedingt eine Zupfprobe (siehe Seite 30).

15 Walken fortsetzen

Lassen Sie das Tuch dann aus ca. 30–40 cm Höhe immer wieder auf den Tisch fallen. Der dünn ausgelegte Filz schrumpft schnell. Sie können so mühelos einen Schrumpffaktor von 2 erzielen, wie er beim Nunofilzen üblich ist. Dann ist der Schal sehr fest und kann in der Regel im Wollwaschgang der Waschmaschine gewaschen werden. Sie müssen ihn aber nicht so fest arbeiten. Ein Schrumpffaktor von 1,5–1,6 ist ein guter Richtwert für einen festen und dennoch locker fallenden dünnen Schal.

Sie riskieren umso mehr kleine Löcher, je früher Sie mit dem Werfen beginnen. Die Fasern verschieben sich dann noch. Andererseits kann man das bewusst steigern und zum Gestaltungsprinzip erheben.

16 Ränder ausgleichen und fertigstellen

Wenn die Arbeit fertig gewalkt ist, können Sie noch behutsam die Ränder ausgleichen, indem Sie schmalere Stellen leicht dehnen und auf die Höhe der Nachbarstellen in der Kante herausziehen. Zuletzt spülen Sie den Schal, schleudern ihn wenn möglich und bügeln ihn trocken. Bitte wegen der empfindlichen Seidenfasern ein Tuch dazwischen legen.

40 · Flächen filzen

Crinkle-Schal
peppt jedes Outfit auf

Motivgröße:
ca. 200 cm x 30 cm

Sie brauchen:
feine Merinowolle im Kammzug, ca. 100 g

Wenn Sie einen wirklich dünnen Schal gefilzt haben, dann können Sie ihn auf Wunsch zusammengedreht trocknen lassen und erzeugen damit einen interessanten Crinkle-Effekt. Nehmen Sie den ausgewaschenen, feuchten Schal dazu doppelt und drehen Sie ihn anschließend so lange, bis er aussieht wie auf dem Foto rechts.

Durch den Crinkle-Effekt fällt der Schal schön schmal. Mit diesem raffinierten Accessoire können Sie winters wie sommers Ihr Outfit aufpeppen.

Flächen filzen · 41

Gewebe befilzen – Nunofilzen

Nunofilzen ist das Filzen auf Gewebe vom luftig-leichten Seidenstoff bis hin zum rustikalen Leinen. Es ist keine Anfängertechnik, aber im Grunde genommen ist Nunofilzen nicht viel anders als das, was Sie bislang kennengelernt haben. Wie so oft macht die Übung den Unterschied.

Arbeiten Sie bitte zur Vorbereitung auf das Nunofilzen insbesondere den Abschnitt „Dünne Flächen" noch einmal in Ruhe durch und üben Sie das feine Auslegen der Wolle.

Diese Technik ermöglicht Ihnen neue Ausdrucksmöglichkeiten. Mittels Nunofilzen können Sie hauchdünnen Filz herstellen. Das Trägergewebe sorgt für eine hohe Reißfestigkeit und hält die Arbeit selbst dann noch zusammen, wenn sie Schwachstellen haben sollte. Natürlich können Sie das Gewebe auch stellenweise befilzen und so den Untergrund zur Wirkung kommen lassen.

Jeder Filzer hat seine eigene Technik, wie er die Wolle auf den Stoff bringt. Zum Befilzen eignen sich unterschiedlichste Gewebearten (siehe Tabelle). Machen Sie einfach eine Probe, um herauszufinden, ob sich der Stoff, den Sie gewählt haben, für diese Arbeit eignet. Das ist besser, als nach Stunden mühevoller Arbeit aufgeben zu müssen. Und bitte waschen Sie Stoffe, die Sie noch nicht mit Erfolg ausprobiert haben. Einige sind mit einer Appretur versehen und lassen sich dadurch nicht befilzen, obwohl es sich um das richtige Material handelt. Mit gängigen Seidenschals aus dem Fachhandel hat es bei mir bislang immer wunderbar funktioniert, aber Chiffon aus dem Warenhaus machte erhebliche Probleme.

Gut gearbeiteter Nunofilz hat einen Schrumpffaktor von etwa 2 und Sie können das Objekt dann im Wollwaschgang Ihrer Maschine waschen. Einige Kollegen bevorzugen dennoch einen Schrumpffaktor von nur 1,6 und erhalten damit einen weich fallenden Stoff; der Stoff ist dann aber nicht ganz so strapazierfähig. Schrumpffaktor 2 bedeutet, dass Sie für einen Quadratmeter Nunofilz 4 qm Wolle auslegen müssen. Der hohe Materialverbrauch und der benötigte Platz sind das Hauptproblem bei dieser schönen Technik. Die Schriftrollenmethode (siehe Seite 34) kann bei Platzproblemen helfen.

> **Hinweis:** Wenn Sie sich als Anfänger an Nunofilzkleidung herantrauen, dann empfehle ich Ihnen, Einzelteile zu fertigen und sie später zusammenzunähen. Sie haben bei Nunofilz kaum Verschnitt, denn Sie können die benötigten Teile ohne Beachten des Fadenlaufs zuschneiden. Wenn Sie also auf das nahtlose Filzen von Bekleidung verzichten, dann benötigen Sie weniger Platz und es wird nicht ganz so aufwändig. Sie können dann auch besser in mehreren Einheiten arbeiten, als wenn Sie ein großes Werk halbfertig auf dem Tisch liegen haben.

Chiffon 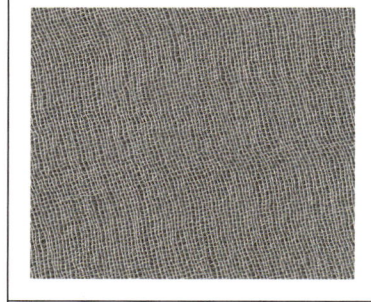	luftig-sommerlicher Eindruck, dennoch sehr warm; die Seide kann gut als Innenseite bei Bekleidung verwendet werden, dort kann man auch Reste zusammenstückeln preiswerter als Pongee schrumpft, sobald es nass wird (Schablonen krümmen sich) gutes Anfängermaterial
Organza 5,5 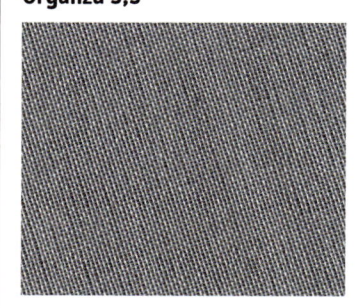	ziemlich steife Seide, bitte nicht mit Kunstorganza verwechseln

Pongee 05	typischer Kammereffekt (siehe Foto unten); diese Seide wird daher meist nach außen getragen; zwei Pongeestücke, die sich überlappen, ergeben eine sichtbare „Naht" (bei Gestaltung berücksichtigen)
Kammereffekt	Pongee 05 ist gut geeignet, stärkere Qualitäten lassen sich nur schwierig befilzen
	Material entspannt sich, sobald es nass wird, deshalb beim Schablonenfilzen erst nass machen und dann umklappen
	schöne Faltenstrukturen entstehen, wenn Sie bewusst Stellen unbefilzt lassen (Stoff wellt sich, sobald die mit Filz belegte Umgebung schrumpft)
Baumwollgaze	ähnelt im Aussehen Verbandsmull
	im Sommer kühler als Seide
	deutlich preiswerter
	gutes Anfängermaterial
	Vorschlag: einfärben, mit weißer Wolle benutzen oder auf der Rückseite verschwinden lassen
	man kann die Strukturen auch punktuell weiten und so zum Thema der Arbeit machen

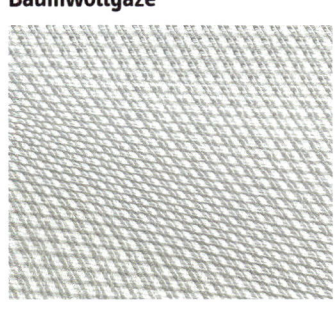

Wolletamine	verfilzt auch, ohne dass man ihn belegt
	Effekte möglich mit Synthappret, welches das Verfilzen an den Stellen, wo man es aufträgt, verhindert
Leinen	im Sommer schwitzt man weniger darin als bei der Verwendung von Seidenstoffen
	Leinen und Wolletamine wirken sommers wie winters „angezogen", während Chiffonstoffe im Winter oft zu sommerlich wirken

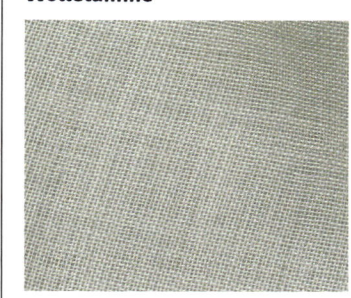

Kunstfaserstoffe können nur sehr eingeschränkt genutzt werden, Gitterstoffe und Spitzen lassen sich hingegen gut verwenden.

Üblicherweise beginnen wir in meiner Filzschule mit dem particllen Befilzen eines Chiffonschals und gehen dann zu Pongee über. Für den Beginn können Sie daraus Stulpen oder einen Kragen fertigen.

Flächen filzen · 43

Nunoschal filzen

Motivgröße:
180 cm x 55 cm

Sie brauchen:
- feines Merino-Nadelvlies für Blätter
- farbiger Chiffon-Schal, 55 cm breit, 180 cm oder 230 cm lang

Hilfsmittel:
- Ballbrause
- Seife
- Wasser
- Netz
- Noppenfolie und Malerfolie, 75 cm breit, 3 m lang
- Rohrummantelung (Baumarkt), 1 m lang
- Gummibänder oder alte Strümpfe zum Verschließen der Rolle

Schrumpffaktor:
1,1–1,6 (siehe Anleitung)

Für Ihre ersten Versuche empfehle ich das partielle Anfilzen von Nadelvlies-Motiven auf Chiffon. Ein Schal muss nicht so stabil sein, daher reicht es ausnahmsweise, wenn der Filz auf dem Gewebe hält (Schrumpffaktor 1,1). Reiben Sie zu lange, fängt der Stoff um die Motive herum an, sich zu kräuseln. Sollten Sie einen Chiffonschal ganzflächig belegen wollen, so verwenden Sie Meterware und nutzen Sie den Schrumpffaktor 1,6–2.

1 Gewebe auslegen
Legen Sie die Noppenfolie mit der glatten Seite nach oben auf die Arbeitsfläche und platzieren Sie den Schal darauf. Befeuchten Sie diesen mit der Ballbrause und legen Sie die zugeschnittenen Nadelvliesmotive aus. Als Vorlage habe ich Herbstblätter verwendet.

2 Anfilzen in der Reibetechnik
Mithilfe von Netz und Seife reiben Sie die aufgelegte Wolle vorsichtig an. Machen Sie nur sehr kleine Reibebewegungen und bleiben Sie eine Weile auf einer Stelle, bevor Sie die nächste bearbeiten.

3 Arbeit aufrollen
Ersetzen Sie das Netz durch eine Malerfolie, rollen Sie die Arbeit samt Noppenfolie um einen Kern und verschnüren Sie sie (siehe Seite 39).

4 Rolltechnik
Rollen Sie wie auf Seite 39 beschrieben etwa 200 Mal vor und zurück. Wenn Sie die Rolle öffnen, sollte der Vorfilz am Untergrund angefilzt sein. Anderenfalls rollen Sie die Arbeit noch einmal von der anderen Seite auf und filzen in der gleichen Weise noch etwas länger.

5 Schal wenden
Wenn die Motive angefilzt sind, rolle ich den Schal so ab, dass die Rückseite oben zu liegen kommt. Wenn kleine Fasern durch den Schal kommen, dann ist das ein sicheres Zeichen dafür, dass es bereits eine gute Verbindung gibt.

Legen Sie auch ein paar Motive auf der Rückseite aus und schon gibt es beim Tragen kein vorne und hinten mehr!

6   Rückseite bearbeiten in der Reibetechnik

Reiben Sie mit lockerem Handgelenk von der Rückseite über die Filzteile. Für gewöhnlich geht es nun sehr viel schneller voran.

7   Walken

Sie könnten mit Reiben oder Rollen fortfahren, bis der Schal fertig ist. Sie können aber auch beginnen, den Schal zunächst sanft und später kräftiger auf den Tisch fallen zu lassen. Dabei arbeiten sich die Fasern besonders schnell durch das Gewebe. Bitte breiten Sie den Schal immer wieder aus, um unerwünschtes Verfilzen zu verhindern.

8   Fertigstellung

Machen Sie weiter, bis die Wollstücke soweit geschrumpft sind, dass der umliegende Stoff beginnt, sich zusammenzuziehen. Das ist der Moment, in dem Sie bei diesem Modell aufhören sollten. Wenn Sie nun weitermachen, werden die Falten immer deutlicher und die Wollmuster immer kleiner. Bedenken Sie daher bitte auch beim Auswaschen, dass Sie den Schal dabei nicht mehr kneten oder wringen! Schleudern hingegen könnten Sie ihn meist noch problemlos.

Tipp: Die handelsüblichen 1,80 m langen Seidenschals sind nach dem Befilzen oft zu kurz. Für Schals mit hohem Schrumpffaktor verwenden Sie deshalb entweder Stoff von der Rolle, verlängern mit Filzwolle oder fügen mehrere Schals zusammen. Dazu die Schals an einer Stelle überlappen lassen und mit Filzmotiven zusammenhalten oder versetzt aufeinanderlegen; das sieht noch interessanter aus. Sie können auch eine Brücke aus Wolle zwischen zwei Schals legen. Dies kann auch eine Gitterstruktur sein. Im Halsbereich sollte das Muster etwas lockerer aufliegen, damit der Schal dort schön fällt. Sie können auch einfach Vorfilz an die Enden eines Schals anfilzen und nach Belieben Fransen daraus schneiden.

Sobald der Chiffon um die Blätter beginnt sich zu kräuseln, können Sie das Walken beenden.

Flächen filzen · 45

Brauner Schal
Retrochic für den Hals

Motivgröße:
180 cm x 45 cm

Sie brauchen:
- Nadelvlies oder Vorfilz in Beige, Dunkelbraun, Orange, Weiß, Schwarz und Rostrot
- Wolletamine-Schal mit Fransen, 180 cm x 45 cm

Schrumpffaktor:
hier 1,1 (siehe Anleitung Seite 44)

Schneiden Sie verschieden große Kreise und Streifen aus Nadelvlies/Vorfilz aus und arbeiten Sie den Schal wie auf der vorigen Seite beschrieben. Wolletamine muss länger gerollt werden als Chiffon, damit sich die Filzteile mit ihm verbinden.

Tipp: Die Vorfilze werden als Meterware angeboten. Von Braun und Schwarz benötigen Sie so wenig, dass Sie vielleicht lieber selbst einen Vorfilz aus Merinovlies herstellen möchten (siehe Seite 114). Die gekauften Vorfilze sind allerdings einfacher anzufilzen.

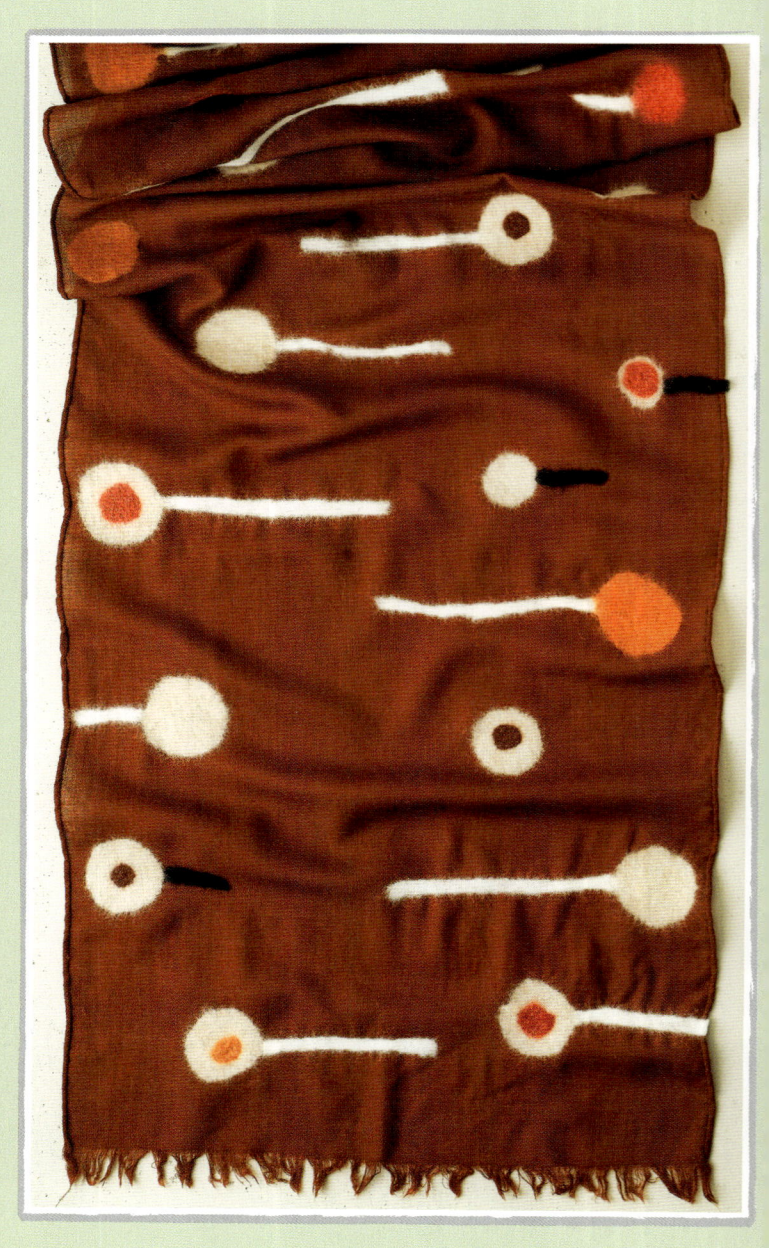

46 · Flächen filzen

Meerblauer Schal
raffiniertes Einzelstück

Motivgröße:

a. 180 cm x 55 cm

Sie brauchen:

Vorfilzreste in Weiß, Beige, Blau und Grün

feinste Merinowolle im Kammzug oder Vlies in Blau und Lavendel

Wolle in Schwarz, maximal 30 Prozent Synthetikanteil

Chiffonschal in Türkis, 180 cm x 55 cm

Schrumpffaktor:

ier 1,1 (siehe Anleitung Seite 44)

Legen Sie zuerst die zwei Bahnen Merinowolle hauchdünn aus. Einlagiger Kammzug ist grundsätzlich möglich, sauber ausgelegtes Vlies würde ich wegen des unterschiedlichen Schrumpfungsverhaltens bevorzugen. Fügen Sie die Vorfilzreste und die Wollfäden hinzu und beginnen Sie dann wie gewohnt mit aufgelegtem Netz zunächst kurz in Reibetechnik und später in der Rolltechnik zu arbeiten.

Hinweis: Für dieses Modell habe ich nicht extra Vorfilzstücke zugeschnitten, sondern Reste von anderen Projekten verwertet. Es entstehen auf diese Weise interessante und vielfältige Zufallsformen, wie Sie sie wohl nie absichtlich erzielen würden. Sammeln Sie ihren „Abfall" und machen Sie etwas daraus. Anregungen finden Sie im Werk von Henri Matisse.

Flächen filzen · 47

48 · Hohlkörper filzen

Ein Gefäß ist ein solches erst durch die Leere, die es umfasst.
Aus dem Zen

Hohlkörper filzen

Das Hohlkörperfilzen gilt vielen als Königsdisziplin, ermöglicht es doch fast alles herzustellen, was das Filzerherz begehrt: Schuhe, Taschen, Hüte und Gefäße. Im Grunde genommen funktioniert es, wie Sie es beim Flächenfilzen bereits kennengelernt haben. Hinzu kommt, dass Sie eine Schablone von beiden Seiten umfilzen müssen, damit sich der Hohlkörper bildet. Ich führe Sie vom denkbar einfachsten Hohlkörper bis zu maßgeschneiderten Formen. Der Schwierigkeitsgrad der Projekte baut aufeinander auf.

Grundwissen Hohlkörperfilzen

Das Hohlkörperfilzen ermöglicht das Filzen der verschiedensten Accessoires und Gebrauchsgegenstände wie Schuhe, Taschen, Hüte und Gefäße. Die Grundlage für erfolgreiches Hohlkörperfilzen ist das sichere Beherrschen des Flächenfilzens (siehe Seite 27–30). Beim Hohlkörperfilzen wird eine Schablone von beiden Seiten umfilzt, wobei Sie beachten müssen, dass Sie
- einen möglichst gleichmäßigen Umschlag auslegen,
- diesen beim Umschlagen eng genug an die Schablone heranführen, sodass die Wollschichten sauber getrennt werden. Würden Sie sorglos arbeiten, so entstünden Wülste, wo Sie nicht ordentlich bis an die Schablone herangegangen sind.

Bitte ziehen Sie nicht so fest an der umzuschlagenden Wolle, dass alles, was Sie ausgelegt haben, verrutscht und Sie viel Umschlag auf der einen und ein Loch auf der anderen Seite haben! Beim Filzen ist Fingerspitzengefühl gefragt.

Während die Arbeit voranschreitet, streichen Sie mit dem Daumen immer wieder einmal an den Kanten entlang und filzen diese mit. Sollten sich dabei Falten auf der Oberseite der Arbeit bilden, so machen Sie sich keine Sorgen. Diese verschwinden mit fortschreitendem Schrumpfen der Wolle. Wülste an nicht ordentlich gefilzten Kanten hingegen lassen sich nur mit viel Mühe oder gar nicht mehr entfernen.

Schablone anfertigen

Um einen Hohlkörper herzustellen, benötigen Sie eine passende Schablone. Diese Schablone wird komplett eingefilzt. Sie arbeiten lange mit der Schablone und erst wenn sie sich stark krümmt, nehmen Sie die Schablone heraus und filzen direkt über dem Gefäß, dem Arm, Fuß o. Ä. weiter. In diesem letzten Arbeitsschritt wird die Hülle also maßgeschneidert angepasst.

Hilfreich für das Anfertigen der Schablone ist es, sich vorzustellen, ein Zauberbügeleisen zu besitzen, das jedes Material plättet, ohne es zu zerstören. Bügeln Sie im Geiste einen auf der Bügelfläche liegenden Becher; dabei finden Sie Folgendes heraus:
- Die Höhe des Bechers verändert sich nicht.
- Der Becherboden klappt zu einem Halbkreis heraus.
- Die Breite nimmt im Vergleich zur Silhouette des Bechers erheblich zu. Die Breite des platt gebügelten Bechers hat genau den halben Umfang des echten Bechers.

Diese Angaben sind für die Berechnung der Schablone notwendig.

Nehmen Sie Ihr platt gebügeltes Teil noch vergrößern, weil die Filzwolle beim Verfilzen schrumpft. Wählen Sie einen angemessenen Schrumpffaktor (z. B. 1,3) und multiplizieren Sie die ermittelten Werte wie rechts angegeben.

Beim Zeichnen verbinden Sie einfach die breiteste mit der schmalsten Stelle und erhalten die passende Schräge. Den Radius zeichnen Sie in der Mitte der Schablone unten an und verbinden die unteren Kanten frei Hand mit diesem Punkt zu einem Halbkreis.

Als Schablonenmaterial bevorzuge ich Noppenfolie, die am preiswertesten und vielseitigsten ist. Wenn Sie zum Beispiel eine Schale filzen möchten, kann die Noppenfolie komplett eingefilzt werden und sich zusammenkrümmen, während der Filz schrumpft. Um sie später zu entfernen, benötigen Sie nur eine kleine Öffnung. Dickere Schablonen, wie solche aus Moosgummi oder einer alten Gymnastikmatte, sind nur geeignet, wenn eine entsprechend große Öffnung bleiben kann, wie z. B. beim Filzen von Taschen.

50 · Hohlkörper filzen

Wenn Sie mehrere Becher oder auch zwei Stiefel gleichzeitig herstellen wollen, so geht es schneller, diese zusammen auszulegen und zu filzen. Spiegeln Sie dafür die Schablone an der Oberkante und schneiden Sie die Teile erst nach dem Walken entzwei.
Wenn Sie nur einen Becher herstellen und die obere Kante nicht schneiden möchten, machen Sie die Schablone ein wenig höher, damit die Öffnung oben nicht zusammenfilzt.

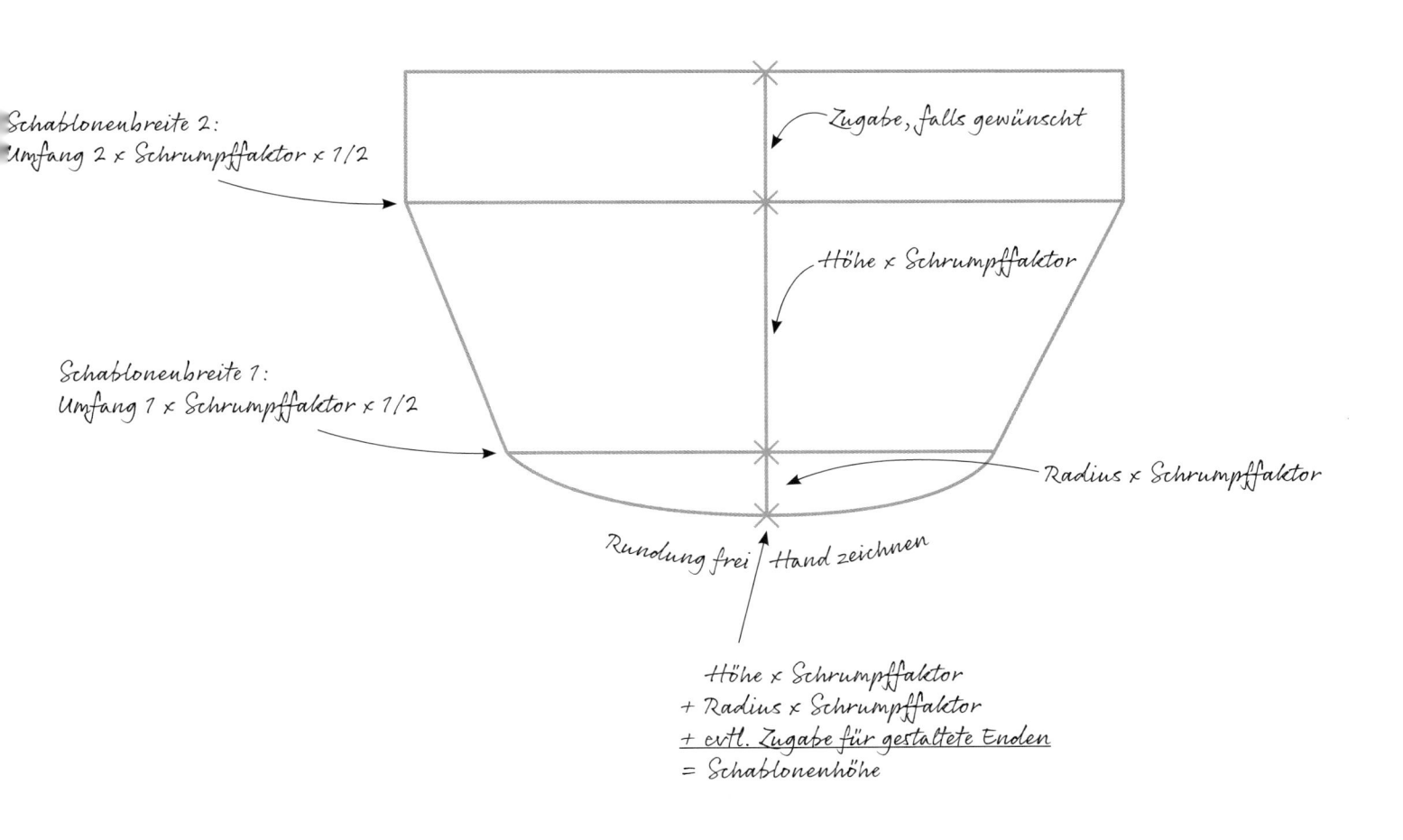

Schablonenbreite 2:
Umfang 2 × Schrumpffaktor × 1/2

Zugabe, falls gewünscht

Höhe × Schrumpffaktor

Schablonenbreite 1:
Umfang 1 × Schrumpffaktor × 1/2

Radius × Schrumpffaktor

Rundung frei Hand zeichnen

Höhe × Schrumpffaktor
+ Radius × Schrumpffaktor
+ evtl. Zugabe für gestaltete Enden
= Schablonenhöhe

Hohlkörper filzen · 51

Die Karos sind mit Vorfilz gelegt, alle anderen Stulpen wurden frei Hand mit Kammzug und Vlies gestaltet. Mehr zur Oberflächengestaltung erfahren Sie ab Seite 110.

52 · Hohlkörper filzen

Stulpen und Hüllen filzen

Motivgröße:
ca. 11 cm x 20 cm

Sie brauchen:
- Merinowolle im Vlies oder Kammzug in Grundfarbe, ca. 40 g
- Nadelvlies- oder Vorfilzstreifen, ca. 2 cm breit, 4 x 36 cm lang (für das Ringelmuster)
- Schablone aus Noppenfolie, hier 58 cm x 15 cm

Hilfsmittel:
- Filzunterlage
- Ballbrause
- Seife
- Wasser
- Bandmaß
- Netz
- Schere

Schrumpffaktor:
1,4–1,5

Wenn Sie Zacken einschneiden wollen, verwenden Sie Vlies. Das Schablonenmaß ist für die meisten Hände/Arme passend. Wenn Sie sehr schmale Hände haben, filzen Sie einfach etwas länger, damit die Wolle mehr schrumpft; bei sehr breiten Händen geben Sie einen Zentimeter in der Breite dazu.

Wenn Sie gerade mit dem Filzen begonnen haben, ist das einfachste Projekt ein flacher Hohlkörper, der oben und unten aufgeschnitten werden kann. Zwei Stulpen können zudem aus einem Teil angefertigt werden, sodass Sie sich auch keine Gedankenmachen müssen, dass sie gleichmäßig groß werden. Inzwischen arbeite ich mit Schrumpffaktor 2 und maximal 20 g für beide Stulpen, wozu eine größere Schablone berechnet werden muss. Das Ergebnis hat den Charakter von Stoff, ist weniger steif, hält aber dennoch warm. Für solch eine Variante müssen Sie das Auslegen dünner Flächen üben (siehe Seite 37).

1 Wolle abwiegen
Wiegen Sie die Wolle in zwei gleich schwere Päckchen für die beiden Seiten der Schablone ab. Wenn Sie später größere Projekte filzen, die so viel Wolle benötigen, dass Sie nicht alles auf einmal auf eine Seite legen können, so merken Sie sich stets, von welchem Päckchen Sie für die Vorder- bzw. die Rückseite genommen haben. Dann können Sie sicher sein, dass Sie am Schluss beide Seiten gleich dick ausgelegt haben, selbst wenn zwischendurch die Schichten ungleich ausgefallen sind.

2 Wolle auf der Oberseite auslegen
Legen Sie dann wie auf Seite 37 beschrieben die Wolle für die Oberseite dachziegelartig auf der Schablone aus. Achten Sie darauf, dass Sie einen möglichst gleichmäßigen Überstand von ca. 0,5–1 cm an jeder Seite auslegen. Dies wird mit zunehmender Übung immer einfacher gelingen.

3 Oberseite glätten
Nun legen Sie das Netz auf die Wolle, geben Wasser und Seife hinzu und reiben vorsichtig über die nasse Fläche. Wenn die überstehenden Ränder dabei nass werden, so ist das kein Problem. Aber bitte bearbeiten Sie diese nicht absichtlich; ignorieren Sie sie einfach. Übrigens entspannt sich die Wolle, wenn sie nass wird, wodurch der Überstand noch ein wenig wächst. Reiben Sie die Filzwolle auf dieser Seite, bis die Fläche feucht und flach vor Ihnen liegt.

Hohlkörper filzen · 53

4 Wenden
Greifen Sie dann die Wolle mit der darunterliegenden Schablone und wenden Sie sie – immer auf dem kürzesten Weg: Klappen Sie sie in einer beherzten Bewegung über die lange Seite um.

5 Überstand umklappen
Nun klappen Sie die überstehenden Wollenden um wie die Klebekante einer Papierarbeit. Bei diesen Stulpen empfehle ich Ihnen, die kurzen Seiten so zu belassen, wie sie sind, da sie später abgeschnitten werden. Wenn Sie sie umschlagen wollen, so bedenken Sie, dass in den Ecken jeweils zwei umgeschlagene Seiten zusammenkommen und Sie dies beim Auslegen ausgleichen müssten.

6 Wolle auf der Rückseite auflegen
Die langen Kanten sind nun umgeklappt, nass und eng an der Schablone anliegend. Filzen Sie die umgeschlagenen Kanten schon ein wenig an, dann bleiben sie besser liegen. Mit trockenen Fingern legen Sie dann die Wolle für die Rückseite auf. Falls nötig können Sie zunächst eine Ausgleichsschicht in die Mitte legen, bevor Sie die restliche Wolle erneut mit einem schmalen Überstand auslegen.

7 Anfilzen
Filzen Sie auch diese Seite in der bekannten Weise wieder an. Ignorieren Sie erneut den Überstand.

8 Abermals wenden
Danach wenden Sie die Arbeit erneut.

9 Überstand wieder anfilzen
Klappen Sie den Überstand wieder eng am Schablonenrand um und filzen Sie ihn fest. Dies geht nun besonders leicht, da die eventuell noch trockene Randwolle nur mit leichtem Druck und etwas Seife auf der nassen Filzschicht der Rückseite befestigt werden muss. Reiben Sie, bis der Überstand hält.

Egal, ob Sie ein Stück zweifarbig mit verschiedenen Innen- und Außenfarben herstellen oder ob Sie ein großflächiges Muster auflegen wollen: Legen Sie immer erst eine Farbschicht komplett auf, bevor Sie mit der nächsten beginnen, sonst gibt es an den Rändern hässliche Stellen, an denen beim Umschlagen die untere Schicht herauslugt oder das Muster der ersten Seite von der Grundfarbe der zweiten Seite überlappt wird.

10   Muster aufsetzen
Legen Sie dann das gewünschte Muster auf. Versichern Sie sich zuvor, dass Sie keine Löcher in der Wollschicht übersehen haben. Legen Sie Streifen besser so aus, dass sie sich in der Mitte der Rückseite treffen und nicht am Rand.

11   Muster anfilzen
Reiben Sie das Muster so an, wie Sie auch die Wolle angefilzt haben, und bringen Sie ggf. auch auf der Rückseite ein Muster an. Bedenken Sie, dass Sie gerade zwei Stulpen aus einer Form herstellen. Entsprechend muss auch das andere Ende verziert werden.

12   Fläche filzen
Wenn die Gestaltung der Fläche abgeschlossen ist, reiben Sie beide Seiten in gewohnter Weise, bis sich der Filz verfestigt. Achten Sie auf die Ränder und filzen Sie auch diese regelmäßig mit. Die Zupfprobe (siehe Seite 30) gibt Ihnen Auskunft darüber, ob Sie bereits mit dem Rollen beginnen können.

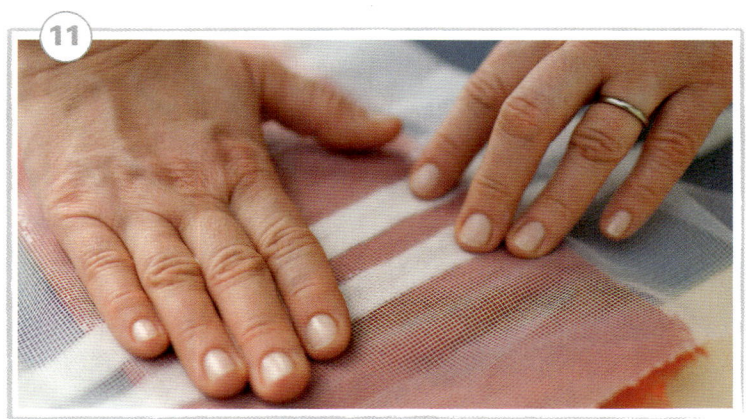

13   Ränder bearbeiten
Zwischendurch fahren Sie immer einmal wieder mit den Fingern am Rand entlang, damit die Wolle stramm an der Schablone sitzt.

14   Walken in Rolltechnik
Ich arbeite dann in der Rolltechnik weiter, bis die Stulpen in etwa die richtige Länge haben. Dazu bitte von den kurzen Seiten her jeweils von vorne und hinten einrollen.

15   Schablone entfernen
Schneiden Sie die kurzen Seiten auf, entfernen Sie die Schablone und legen Sie die Arbeit so hin, dass die langen Kanten nun mittig liegen. Auch wenn Sie gut auf den Rand geachtet haben, sollten Sie ihn nun noch einmal kräftig flach reiben.

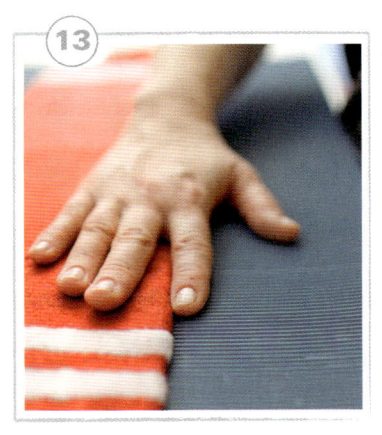

»

Hohlkörper filzen · 55

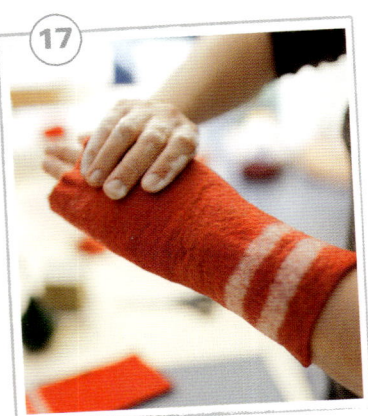

16 Stulpen zuschneiden
Schneiden Sie zwei gleich große Stulpen zurecht (beachten Sie ggf. Ihr Muster).

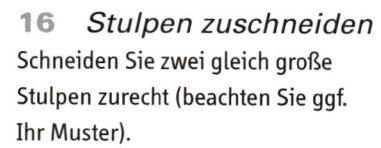

17 Stulpen anpassen
Bearbeiten Sie jeden Stulpen an der passenden Hand, bis er gut sitzt. Legen Sie dazu eine Hand in die Hohlform und reiben Sie mit seifig-nassen Händen von außen dagegen. Vorsicht: Nass und seifig lässt sich der Stulpen leichter anziehen als im trockenen Zustand. Filzen Sie deshalb lieber später noch einmal nach, als ihn jetzt zu eng zu arbeiten.

18 Stulpen weiter schrumpfen
Sollten die Stulpen noch sehr weit sein, können Sie jederzeit zwischen Walken, Rollen und Reiben wechseln.

19 Beide Stulpen gleichmäßig bearbeiten
Achten Sie beim Filzen auf Gleichmäßigkeit.

20 Fertigstellen
Wenn Sie grobe Wolle verwendet haben, müssen Sie die geschnittenen Stellen eventuell noch einmal nachfilzen. Das bedeutet: Sie gehen vorsichtig mit seifigen Fingern an den Kanten entlang, bis diese wieder ordentlich gefilzt aussehen. Bei feiner Vlieswolle und vorausgegangener guter Arbeit entfällt dieser Arbeitsschritt. Abschließend spülen Sie die Arbeit aus, streichen sie glatt und lassen sie auf einem Handtuch trocknen. Herzlichen Glückwunsch zu Ihrem ersten Hohlkörper!

Lampenhüllen
für individuelles Wohndesign

Motivgröße:
ca. 10 cm x 10 cm x 22 cm

Sie brauchen pro Hülle:
- Merinowolle im Vlies oder Kammzug, ca. 50 g
- Lampe, 10 cm x 10 cm, 22 cm hoch (z.B. Ikea)
- Schablone aus Noppenfolie, 26 cm breit, ca. 30 cm hoch
- Schmucksteine, Klebstoff
- Nagelschere

Schrumpffaktor:
1,3

Vorlage:
Seite 141

1 Wenn Sie eine andere als die angegebene Lampe verwenden, fertigen Sie dafür bitte zunächst die passende Schablone an. Wie das geht, können Sie auf Seite 51 nachlesen. Ich empfehle, etwas mehr in der Höhe anzusetzen und den Überstand später abzuschneiden. Es ist ärgerlich, wenn die Wolle stärker schrumpft und die Lampe nicht mehr überall bedeckt.

2 Die Lampenhülle wird wie die Stulpen auf den vorhergehenden Seiten gefertigt. Wenn Sie feinstes Merinovlies verarbeiten, dann ist es später einfach, auch kleine Formen daraus mit einer Nagelschere auszuschneiden. In grobes Vlies lassen sich die kleinen Zacken nicht gut schneiden, ohne auszufransen und nachbearbeitet werden zu müssen.

3 Auf Wunsch kleben Sie noch ein paar Schmucksteine auf, um die Lampe auch tagsüber funkeln zu lassen.

Hohlkörper filzen

Raffinierte Anfängertasche
mit zwei Tragevarianten

Motivgröße:

ca. 70 cm x 45 cm (flach)

Sie brauchen:

- Merinowolle im Vlies, 400–500 g
- Lederhenkel zum Annähen, 45 cm lang
- 2 Lederhenkel zum Annähen, 60 cm lang
- rechteckige Schablone aus Noppenfolie oder alter Gymnastikmatte, 60 cm breit, ca. 95 cm hoch

Schrumpffaktor:

mindestens 1,4

1 Diese Tasche ist ganz einfach herzustellen. Die Wolle wird zwar diesmal an drei Seiten um die Schablone geklappt, aber die Tasche ist leicht und in jeder beliebigen Größe herzustellen. Wenn Sie den Zeitaufwand scheuen, beginnen Sie mit einer etwas kleineren Version.

2 Legen Sie die Wolle wie bei den Stulpen beschrieben (ab Seite 53) aus. Klappen Sie diesmal auch den Überstand an der Unterkante um.

3 Nach dem Filzen und Walken schneiden Sie mit dem Skalpell auf beiden Seiten zwei Stellen ein, durch die Sie die Enden des einzelnen Tragegriffs schieben, bevor Sie ihn auf der anderen Außenseite annähen oder annieten. Bei meiner Tasche sitzt der Henkel ca. 19 cm von der Oberkante und ca. 11 cm von den Außenkanten entfernt.

4 Zusätzlich werden zwei Trageriemen mittig an den oberen Kanten des Umschlags befestigt, sodass man die Tasche wahlweise als Hand- oder Schultertasche tragen kann. Zur Verstärkung können Sie ein Stückchen Filz von innen an die Ansätze nähen.

Die raffinierte Tasche erlaubt verschiedene Tragevarianten.

Hohlkörper filzen · 59

Gürteltasche filzen

Motivgröße:

ca. 15 cm x 12 cm x 6 cm

Sie brauchen:

- feine Merinowolle im Vlies, ca. 70 g
- Magnetdruckknopf, ø 1,8 cm
- Noppenfolie, 20 cm x 6 cm (für Tunnelzug)
- Schablone aus Noppenfolie oder alter Gymnastikmatte, 24 cm x 33 cm (Ecken oben abgerundet)

Hilfsmittel:

- Filzunterlage
- Ballbrause
- Seife
- Wasser
- Bandmaß
- Netz
- evtl. Zange, Hammer
- Walkholz
- ggf. Vorfilz und Stickgarn für Muster

Schrumpffaktor:

mindestens 1,3

Jetzt, wo Sie wissen, wie man einen Hohlkörper filzt, können Sie Besonderheiten hinzufügen: den eingefilzten Magnetverschluss und den Tunnelzug. Das Anfilzen eines Tunnelzugs basiert auf dem gleichen Prinzip, wie das Anbringen von stabilen Innentaschen; es lohnt sich also, das zu erlernen. Den Magnetverschluss möchte ich nicht mehr missen. Ich verwende ihn oft und gerne.

Für Taschen kann man auch festere Schablonenmaterialien verwenden. Ich habe eine alte Gymnastikmatte zurechtgeschnitten.

1 Tunnelzug anfertigen
Umfilzen Sie ca. 10 cm in der Mitte der Noppenfolie wie bei den Stulpen ab Seite 53 beschrieben. Bitte bedenken Sie, dass das Täschchen auch noch eine Tiefe bekommt, daher dürfen Sie den Tunnelzug nicht über die ganze Schablonenbreite arbeiten.

2 Tasche vorbereiten
Bereiten Sie die Tasche wie folgt vor: Kennzeichnen Sie wenn nötig die Mitte Ihrer Schablone, d. h. die Stelle, an der die Tasche aufhört und der Überschlag beginnt. Legen Sie die Wolle zunächst gleichmäßig in der gesamten Länge der Schablone aus. Nehmen Sie die Schablone unter der Wolle hervor und filzen Sie die Fläche an; die Ränder dabei ignorieren (siehe Seite 54). Anschließend legen Sie die Schablone auf die angefilzte Wolle und schneiden den Überstand an der Stelle ein wenig ein, an der die Tasche endet und der Überschlag beginnt. Klappen Sie die überstehenden Ränder im Bereich der Tasche auf die Schablone (vgl. Stulpen, wobei hier natürlich auch die Unterkante umgeklappt werden muss). Legen Sie nun Wolle auf dieser Seite der Schablone aus (Vorderseite Taschenkörper) – nur im Bereich der Tasche, nicht auf den Überschlag. Sie können am Taschenrand etwas mehr Wolle auflegen, um ihn zu verstärken (siehe Schritt 9).
Filzen Sie die Wolle an, drehen Sie die Arbeit abermals um, klappen Sie die Randfasern wieder um und filzen Sie sie an der Rückseite an.

3 Erste Verschlusshälfte anbringen
Wenn Sie die komplette Tasche mit einer ersten Schicht Filz belegt und zu Vorfilz verfestigt haben, dann schneiden Sie mit einem Cutter oder einer Nagelschere vorsichtig zwei

60 · Hohlkörper filzen

kleine Schlitze an die Stelle, wo der Verschluss im Überschlag sitzen soll. Das zweiten Verschlussteil bringen Sie für gewöhnlich erst an, wenn die Arbeit fertig ist, da sich nicht voraussehen lässt, ob dieser sonst nach dem Schrumpfen noch an der richtigen Stelle sitzt. Stecken Sie den Verschluss durch die Wolle.

4 Verschluss prüfen
Legen Sie auf der Gegenseite das Plättchen über die Verschlussfüßchen. Vergewissern Sie sich unbedingt, dass Sie den Verschluss richtig herum eingelegt haben.

5 Verschluss befestigen
Jetzt müssen Sie etwas Kraft anwenden, um die Füße auseinanderzubiegen, ohne dabei die noch sehr empfindliche Wolle auszuleiern. Wenn erst einmal ein Anfang gebogen ist, kann man sich mithilfe eines Hammers die Arbeit erleichtern.

6 Tunnelzug auflegen
Platzieren Sie nun den Tunnelzug auf der Rückseite der Tasche und legen Sie noch ein wenig Wolle darüber, die den Tunnel mit der Tasche verbinden soll. Filzen Sie dann die Stelle, bis der Tunnel leicht hält.

7 Vorgehen beim Tunnelzug
Legen Sie beim Tunnelzug auch Filzwolle seitlich unter die Noppenfolie und weitere Stränge darüber, damit die Tasche gleichmäßig belegt wird.

8 Weitere Wollschicht aufbringen
Decken Sie danach die Tasche noch einmal mit einer Schicht Wolle ab. Sie wird bündig bis an den Rand gelegt. So wird der Magnetverschluss an der Außenseite der Tasche verdeckt und der Tunnelzug fixiert.

»

Hohlkörper filzen · 61

9 Taschenöffnung verstärken

An der Taschenöffnung ist im alltäglichen Gebrauch eine höhere Belastung zu erwarten als anderswo, weshalb es sinnvoll ist, die Öffnung zu verstärken. Zu diesem Zweck wird hier geringfügig mehr Wolle ausgelegt (Schritt 2) und die Kante nun nach innen umgeschlagen. Auf diese Weise wird sie verstärkt und zugleich sehr schön gerade.

10 Filzen

Falls Sie ein Muster auflegen möchte, tun Sie dies bitte jetzt. Filzen Sie dann in Reibetechnik, bis die Arbeit deutlich an Festigkeit gewonnen hat. Anfangs können Sie wieder ein Netz auflegen. Schneiden Sie danach, falls nötig, den Überschlag in die von Ihnen gewünschte Form.

11 Walken

Zum Walken rollen Sie die Arbeit von allen Seiten. Sie können einen Stab hineinlegen, wenn Sie das möchten. Ich verzichte bei kleinen Objekten darauf. Um den Magnetverschluss nicht abzubrechen, achten Sie bitte an dieser Stelle darauf, dass Sie nur parallel zu ihm rollen und ggf. stärker in der Reibetechnik vorgehen.

12 Walkholz zu Hilfe nehmen

Mit dem Walkholz kann man die Tasche gut in Form bringen. Insbesondere für die unteren Ecken der Tasche nehme ich das Walkholz zu Hilfe und bearbeite diese so lange, bis sie stabil und sanft gerundet sind. Wenn die Tasche die richtige Größe hat, spülen Sie sie gut aus und ziehen sie erneut in Form.

13 Markierung für Verschluss auf Tasche anbringen

Wenn Sie die Arbeit beendet haben, klappen Sie den Überschlag um und markieren Sie, wo im Taschenkörper die Schnitte für das zweite Teil des Magnetverschlusses gemacht werden müssen. Das gelingt ganz einfach, wenn Sie das Verschlussteil provisorisch auf sein Gegenstück setzen.

14 Verschluss anbringen

Fügen Sie den Verschluss in gleicher Weise wie vorher beschrieben (Schritte 3–5) an der richtigen Stelle ein.

15 Fertigstellen

Die Tasche ist fertig. Wenn Sie bereits fortgeschritten sind, versuchen Sie einmal, den zweiten Verschluss während der Arbeit mit einzufilzen. Hierzu müssen sie die Tasche für gewöhnlich wenden und später in geschlossenem Zustand in Form walken.

Die trapezförmige Handtasche kann man durch den Endlosriemen in zwei Längen tragen. Die Riemen werden aus drei Drittelkammzügen zusammengesetzt und mit schwarzen Kammzugflusen umwickelt. Das hilft zugleich, falls die Kammzüge nicht überall zusammenfilzen wollen. Zwei angefilzte Schlaufen an den Seiten der Tasche nehmen die Endlosschnur auf, bevor sie zusammengefilzt wird. Das Muster wurde mit Vorfilz ausgelegt und später mit schwarzem Stickgarn umstickt.

Hohlkörper filzen · 63

Handytaschen

in vielen Größen machbar

Motivgröße:
hier 13,5 cm x 9 cm

Sie brauchen
für die gelbe Tasche:
- Merinowolle im Vlies in Gelb, ca. 20 g
- Vorfilzrest für die Punkte
- Hutgummiband für Verschluss
- Schablone aus Noppenfolie oder alter Gymnastikmatte, 28 cm x 12 cm bzw. gemäß eigenem Gerät (Tasche)
- Schablone aus Noppenfolie, 12 cm x 3 cm (Tunnelzug)

für die graue Tasche:
- Merinowolle im Vlies in Grau, ca. 20 g, und Gelb, ca. 2 g (für Eidotter)
- Vorfilzrest in Weiß für das Eiklar
- Magnetdruckknopf, ø 1,8 cm
- Schablone aus Noppenfolie oder alter Gymnastikmatte, 28 cm x 12 cm bzw. gemäß eigenem Gerät (Tasche)
- Schablone aus Noppenfolie, 12 cm x 3 cm (Tunnelzug)

Schrumpffaktor:
mindestens 1,3

Selbstverständlich können Sie Hohlkörperschablonen auch für Ihr Navigationsgerät oder Ihren Laptop berechnen! Je mehr Erfahrung Sie sammeln, desto leichter wird es Ihnen fallen, die richtige Wollmenge schon vorab zu bestimmen. Nutzen Sie Ihr Notizheft!

Gelbe Tasche

1 Bei dieser Variante wird auf der Rückseite ein Tunnelzug angebracht, der das Gummiband an der richtigen Stelle fixiert und den Knoten verdeckt. Weniger raffiniert, aber einfacher ist es, einfach zwei kleine Schlitze in die Rückseite des Täschchens zu schneiden und den Knoten innen zu verstecken.

2 Filzen Sie die Tasche wie ab Seite 60 beschrieben. Die Vorfilzpunkte für das Muster legen Sie als Letztes auf, bevor Sie die Tasche fertig filzen.

3 Sie können Küchenhelfer benutzen, um die Ränder und Ecken noch einmal zu begradigen, wo Sie mit der Hand vielleicht nicht gut zurechtkommen. Wenn die Arbeit getrocknet ist, führen Sie ein farblich passendes Hutgummi durch den Tunnel und verknoten es, nachdem Sie es um die ganze Tasche gelegt haben. Verstecken Sie den Knoten im Tunnel.

Die hier gewählten Verschlussarten sind äußerst praktisch, denn sie lassen sich im Bedarfsfall weit schneller öffnen als eine um das Handy gewickelte Filzschnur.

64 · Hohlkörper filzen

Graue Tasche

1 Die Tasche wird wie die Gürteltasche auf Seite 60 angefertigt, allerdings entfällt hier der Tunnelzug.

2 Das Spiegelei setzen Sie auf die fertig ausgelegte Tasche. Benutzen Sie weißen Vorfilz und gelbes Vlies, die Sie in Form legen, indem Sie die Ränder nach hinten umklappen (bitte nicht zwischen den Händen rollen).

3 Beenden Sie das graue Täschchen wie auf Seite 64 in Schritt 3 beschrieben und kleben Sie ein kleines Stück Filz auf die Innenseite des Magnetverschlusses, damit dieser nicht über den Bildschirm kratzt. Fortgeschrittene mit viel Übung können auch dieses kleine Täschchen im Laufe des Arbeitsprozesses umstülpen und beide Teile des Magnetverschlusses versteckt anfilzen. Fürs Erste rate ich aber davon ab.

Hinweis: Je mehr Material Sie verwenden, desto besser ist Ihr Gerät geschützt, wenn es herunterfällt. Aber Filz dämmt auch Geräusche, deshalb sollten Handytaschen nicht zu dick gearbeitet werden.

Hohlkörper filzen · 65

Sternenschale filzen

Motivgröße:
ca. ø 11 cm

Sie brauchen:
- feine Merinowolle im Vlies in zwei Farben, jeweils 15 g
- Schablone aus Noppenfolie, ø 15 cm

Hilfsmittel:
- Filzunterlage
- Ballbrause
- Seife
- Wasser
- Netz
- Nagelschere, Schere

Schrumpffaktor:
mindestens 1,3

Der Kreis ist etwas Besonderes, denn aus dieser einen Form können Sie Gefäße, Baskenmützen oder einfache Taschen herstellen. Eine kleine runde Form ist schwieriger auszulegen als eine große und zugleich die beste Vorübung für das Filzen von Schuhen. Die Sternenschale ist ein sehr beliebtes Projekt in meinen Kursen.

1 Wolle vorbereiten
Zum Zeichnen der Schablone können Sie eine Müslischale zu Hilfe nehmen. Für den Anfang empfehle ich, Vlieswolle in zwei Farben zu verwenden; sie lässt sich einfacher handhaben und die Schnittkanten werden mit Vlies schöner als mit Kammzug. Wiegen Sie von jeder Farbe die Hälfte ab und legen Sie die vier Päckchen vor sich. Legen Sie zuerst eine Hälfte der Innenfarbe überlappend auf die Kreisfläche. Beginnen Sie dabei an einer Seite der Schablone und arbeiten Sie sich systematisch zur anderen Seite vor.

Tipp: Wenn Sie in der Mitte des Kreises oder außen mit dem Auslegen der Wolle beginnen und anschließend nach außen bzw. innen auslegen, kommt es zu häufigeren Überlappungen, die große Unebenheiten produzieren können. Trauen Sie Ihren Augen und Händen, aber vor allem: Gewöhnen Sie sich das systematische Auslegen von Wolle an. Wie häufig meint man als Anfänger (insbesondere wenn schon Wasser in der Arbeit ist), hier und da müsste noch ein wenig nachgelegt werden. Das täuscht meistens. Wenn Sie systematisch und gleichmäßig auslegen, werden Sie die besten Ergebnisse erzielen.

2 Erste Schablonenseite belegen
Achten Sie beim Auflegen der Wolle darauf, dass kein zu großer Überstand entsteht, 0,5–1 cm sind ideal. Die Wolle „wächst" noch, wenn sie befeuchtet wird. Am wichtigsten für ein gleichmäßiges Ergebnis ist, dass der Überstand an allen Seiten gleich breit ist. Legen Sie die Wolle am besten in vielen dünnen Schichten auf. Das ist immer gleichmäßiger, als wenn Sie die ganze Partie auf einmal auslegen.

3 Wolle flach drücken

Wenn die erste Farbe der ersten Seite aufgebraucht ist, breiten Sie das Netz vorsichtig über der Arbeit aus. Benetzen Sie alles mit Wasser und drücken Sie die Wolle auf dem Tisch nach unten, wie Sie es beim Anfertigen von Flächen gelernt haben (siehe Seite 28). Denken Sie daran: Es reicht aus, wenn die Schicht flach und feucht auf der Schablone liegt, Sie müssen nicht lange reiben.

4 Wenden und Schablone platzieren

Nehmen Sie dann das Netz ab und drehen Sie in einer beherzten Bewegung Wolle und Schablone um. Jetzt ist eine letzte Möglichkeit, die Schablone noch einmal neu zu positionieren, falls Sie die Wolle ungleichmäßig ausgelegt haben sollten.

5 Rand umklappen

Anschließend klappen Sie den überstehenden feuchten Rand provisorisch zur Mitte. Versuchen Sie nun, abschnittsweise die vielen kleinen Falten zur Mitte hin hinauszustreicheln, die sich beim Umklappen ergeben. Im Zweifelsfalle lassen Sie lieber viele kleine Falten zu, als einige wenige große. Filzen Sie mit sanften Bewegungen und etwas Seife an den Fingern die Ränder schon an.

6 Ausgleichsschicht

Greifen Sie zum Wollhaufen der gleichen Farbe, den Sie für die Rückseite zurechtgelegt haben, und beginnen Sie wieder mit dem Auslegen. Wer ungleichmäßig gearbeitet hat, der kann zunächst das noch unbelegte „Loch" in der Mitte der Schablone füllen und dann erneut von einer Kante zur nächsten die Wolle auslegen. Wenn Sie später einmal größere Objekte angehen und dickere Wolllagen auslegen, dann kann diese Ausgleichsschicht wirklich sinnvoll sein.

7 Rückseite belegen

Legen Sie die gesamte für die Rückseite bestimmte Wolle dieser Farbe auf. Von nun an wiederholen sich die vorangegangenen Schritte immer wieder.

8 Wolle wieder flach drücken

Drücken Sie die Wolle dann wieder flach und reiben Sie sie kurz an, am einfachsten mithilfe eines Netzes (siehe Schritt 3).

»

Hohlkörper filzen · 67

9 Wenden
Wenden Sie die Arbeit abermals in einer beherzten Bewegung.

10 Rand umklappen
Klappen Sie den Rand wieder sorgfältig um (siehe Schritt 5).

11 Außenfarbe auflegen
Als Nächstes legen Sie von beiden Seiten die Wolle für die Außenfarbe auf und bearbeiten Sie genauso wie zuvor beschrieben.

12 Anfilzen
Zuletzt ist die Schablone in einem dicken „Wollpfannkuchen" verschwunden und Sie sehen nur noch die Außenfarbe. Reiben Sie zunächst vorsichtig, dann immer kräftiger – immer so stark, wie die Wolle das zulässt, ohne dass sich Fasern verschieben.

13 Kanten nicht vergessen
Fahren Sie immer wieder einmal an der Kante entlang, damit auch diese gefilzt wird. Wenn dabei Falten auf der Fläche entstehen, sorgen Sie sich zunächst nicht. Mit kontinuierlichem Reiben schrumpft der Filz und die Falten verschwinden.

14 Walken
Wenn sich die Wolle schon richtig fest anfühlt und Sie merken, dass Sie bedenkenlos kräftig reiben können, dann fangen Sie an, die Filzarbeit zu knautschen oder zu rollen. Bei einem Kreis müssen Sie dabei kontinuierlich die Richtung wechseln. Ein so kleines Objekt kann man ohne weitere Hilfsmittel über die Arbeitsmatte rollen, die Wolle schrumpft dabei sehr schnell. Die Schablone krümmt sich zusammen und aus dem „Pfannkuchen" wird bereits ansatzweise eine Hohlform.

15 Aufschneiden
Schneiden Sie nun ein kleines Loch mit einer Nagelschere in die Mitte der am besten gelungenen Seite und ziehen Sie die Schablone heraus.

16 Zipfel einschneiden
Schneiden Sie mit einer größeren Schere weiter, sodass sich am Ende nur drei Schnitte in der Mitte kreuzen. Bitte machen Sie die Schnitte nicht zu lang, da sich diese noch ein wenig weiten werden.

68 · Hohlkörper filzen

17 *Zipfel nacharbeiten*
Filzen Sie die Filzkanten mit kleinen Bewegungen nach. Es hängt nicht nur von Ihrer Vorarbeit, sondern auch stark von der Feinheit der Wolle ab, wie gut die Kanten bereits ohne diese Nacharbeit verfestigt sind. Bei sehr feinem Vlies und gründlicher Arbeit erübrigt sich dieser Schritt möglicherweise ganz.

18 *Schale ausformen*
Ballen Sie zum Ausformen der Schale eine Hand zur Faust und stecken Sie diese in den Hohlkörper hinein. Mit der anderen, gewölbten Hand kreisen Sie so lange um den Filzkörper, bis dieser eine schöne Form erhält. Vergessen Sie nicht: Je länger Sie filzen, desto mehr schrumpft die Arbeit.

19 *Fertigstellen*
Nach dem Auswaschen und eventuell Schleudern muss die Arbeit erneut in Form gebracht werden. Zum Trocknen stellen Sie sie auf ein Handtuch.

Die Schale ist ein schöner Blickfang. Wenn Sie möchten, können Sie Perlen an die Spitzen nähen. Sie können noch eine kleinere Rocailleperle auf die Perle setzen, dann sieht man den Faden nicht.

Gut zu wissen

Hohlkörper mit kleiner Öffnung ausformen

Hohlkörper, bei denen man nicht mit der Hand in die gefilzte Arbeit hineingreifen kann, können mithilfe von kleinen Steinchen oder Kirschkernen ausgeformt werden. Geben Sie diese in die Arbeit und walken Sie sie in die gewünschte bauchige Form. Verwenden Sie keine Hülsenfrüchte, da diese beim Aufquellen Schalenreste zurücklassen können.

Hohlkörper filzen · 69

Selbstgefilztes für mollig warme Füße. Darüber freut sich die ganze Familie!

70 · Hohlkörper filzen

Schuhe filzen

Motivgröße:
hier Größe 39

Sie brauchen:
- feine Filzwolle im Vlies, 200 g
- feste Noppenfolie für die Schablone (Zuschnitt siehe Vorlage)
- Pinsel und flüssiges Latex für die Sohlen (Fachhandel)

Hilfsmittel:
- Filzunterlage
- Ballbrause
- Seife
- Wasser
- Netz
- scharfe, kräftige Schere, z. B. Haushaltsschere
- Pinsel
- evtl. Flusenrasierer

Schrumpffaktor:
1,4–1,5

Vorlage:
Seite 140

Wie schon bei der Sternenschale wird zunächst eine Schablone umfilzt und daraus dann ein Hohlkörper geformt – am besten direkt am Fuß. Sie können Schuhe in unterschiedlichen Wollqualitäten fertigen: Hochfeines Merinovlies ergibt dabei einen festen und genauso haltbaren Schuh wie Bergschafwolle, die einen robusten Eindruck hinterlässt.

Arbeiten Sie beide Schuhe parallel, d.h. nach jedem Schritt sollten Sie erstmal das zweite Stück genauso weit bringen. Ansonsten können sehr unterschiedliche Schuhe herauskommen. Überprüfen Sie immer wieder, ob die beiden Schuhe gleich schrumpfen.

1 Schuh filzen

Die Hausschuhe werden ähnlich wie die Sternenschale gefertigt (vgl. ab Seite 66) und Sie sollten diese einmal gefilzt haben, bevor Sie sich an die Schuhe wagen. Wiegen Sie die Wolle wieder in vier gleiche Teile ab: dieses Mal zwei Teile pro Schuh – jeweils Vorder- und Rückseiten. Belegen Sie die Schablonen in bekannter Weise und widmen Sie den Kanten wieder besondere Aufmerksamkeit. Wenn die Zupfprobe ergibt, dass die Oberfläche sich bereits gut verfestigt hat, beginnen Sie, die Schuhe zu rollen. Das geht sehr gut ohne Hilfsmittel. Sie können zum Einrollen aber auch eine Bambusmatte, ein Handtuch oder einen Stab zu Hilfe nehmen.

2 Schuh aufschneiden

Wenn die Schuhe deutlich geschrumpft sind, schneiden Sie sie auf. Der Schnitt beeinflusst die spätere Form. Ein u-förmiger Ausschnitt ist klassisch. Dafür wird ein T-Schnitt gemacht und am Ende der Walkarbeiten vorsichtig in die Endform geschnitten. Aber Vorsicht: Was ab ist, ist ab. Ziehen Sie die Schablone aus dem Schuh und arbeiten Sie die Schnittkanten etwas nach.

3 Walken in der Rolltechnik

Arbeiten Sie den Schuh zunächst von der Seite. Auf diese Weise können Sie auch kleine Wülste wieder entfernen. Von nun an können Sie den Schuh abwechselnd am Fuß bearbeiten und immer wieder einmal von allen Seiten rollen. »

4 Walken mit dem Walkholz

Ich möchte beim Fertigen von Schuhen nicht mehr auf ein Walkholz (Filzmaus) verzichten, das mir die Arbeit sehr erleichtert, die Hände schont, die Rundungen des Schuhs schön formt und, wie ich finde, auch schneller zu einem festen Ergebnis führt. Ein kleines handliches Modell ist für Schuhe am besten geeignet.

5 Sohle nicht vergessen

Geben Sie nicht zu früh auf. Manchmal scheint der Schuh bereits zu passen und ist doch noch weich. Nur ein wenig mehr Schrumpf und auf einmal bleibt er in Form – und hält auch länger! Vergessen Sie beim Walken auch die Sohle nicht. Oft wird mehr an der Außenform gerieben und die Sohle bleibt dabei weich. Sie muss aber später am meisten aushalten.
Wenn Sie meinen, dass Sie fertig sind, korrigieren Sie noch einmal die Öffnungen mit der Schere. Bearbeiten Sie diese dann besonders gründlich nach.

6 Flusen entfernen

Wenn Flusen auftreten, können Sie diese nach dem Trocknen mit einem Flusenrasierer entfernen. Notfalls nehmen Sie eine Nagelschere, aber bitte reißen Sie die Flusen nicht ab. Sie würden damit die Struktur des Filzes schädigen.

7 Fertigstellen

Filzpantoffeln sind nicht gut für Teppichböden geeignet; auf glatten Böden halten sie deutlich länger. Ebenso habe ich die Erfahrung gemacht, dass ihre Haltbarkeit sich erhöht, wenn man sie barfuß trägt. Um die Lebensdauer des Schuhs weiter zu verlängern und ein Ausrutschen auf glatten Böden zu vermeiden, tragen Sie zuletzt mit dem Pinsel drei Schichten Latex auf die Sohle auf. Flüssiges Latex erhalten Sie beim Wollhändler. Es ist auch möglich, eine Sohle unter den Schuh zu nähen bzw. mit Latex aufzukleben. Dies bietet sich insbesondere dann an, wenn Sie die Filzpantoffeln auf Teppichboden oder rauen Fliesen tragen möchten.

In der Endphase benutzen Sie ruhig mehr Seife als sonst. Hier wirkt sie in erster Linie als Gleitmittel und verhindert, dass sich die Oberfläche durch das starke Reiben zu stark aufraut.

Gut zu wissen

Schablone für Hausschuhe und Stiefel

Die Vorlage für die benötigte Schablone finden Sie im Anhang. Für Zwischengrößen geben Sie bitte pro Größe 5 mm dazu. Sie können sie im Fersenbereich etwas schmaler anlegen. Normale Pantoffeln werden von oben, Stiefel von der Seite gearbeitet.

Als Schablonenmaterial verwende ich feste Noppenfolie, das sich später auch aus einer kleinen Öffnung problemlos entfernen lässt. Je länger die Schablone in der Arbeit verweilt, desto formstabiler wird diese. Arbeiten Sie immer beide Schuhe parallel.

Lauflernschühchen
schöne Geschenkidee

Motivgröße:
hier ca. 12,5 cm lang

Sie brauchen:
- Merinowolle im Vlies, ca. 30 g
- Schablone aus fester Noppenfolie (siehe Vorlage)
- Pinsel und flüssiges Latex für die Sohlen (Fachhandel)
- dünne Lederschnur
- evtl. 2 Perlen

Schrumpffaktor:
1,4–1,5

Vorlage:
Seite 141

Hinweis: Dieses Modell wurde aus besonderem Anlass mit Lederschnüren und Perlen hergestellt. Verwenden Sie lieber praxistauglicheres Hutgummi und bedenken Sie, dass Perlen für Kleinkinder eine Gefahr darstellen können.

1 Die Größe von Babyfüßen ist sehr unterschiedlich. Meiner Erfahrung nach passen diese Schuhe meist um das erste Lebensjahr herum. Passen Sie die Schablone ggf. etwas an.

2 Die Schuhe können Sie gleichzeitig filzen, wenn Sie die Schablone spiegeln (siehe auch Vorlage).

3 Gefilzt wird wie auf den vorhergehenden Seiten beschrieben. Bestreichen Sie auch hier abschließend die Sohle mit Latex. Dieses Paar ist mit einer Lederschnur verziert, damit das Kind nicht herausrutscht.

Lieblingshausschuhe
für jeden den passenden Schuh

Motivgröße:
hier Größe 39

Sie brauchen für die Hausschuhe mit Geckos:
- Bergschafwolle im Vlies in zwei Farben, ca. 400 g
- gestanzte Vorfilzmotive
- Schablone aus fester Noppenfolie (siehe Vorlage)
- Pinsel und flüssiges Latex

für die Hausschuhe mit Klaviertasten:
- Merinowolle im Vlies in zwei Farben, ca. 200 g
- Vorfilzreste in Schwarz und Weiß
- Schablone aus fester Noppenfolie (siehe Vorlage)
- Pinsel und flüssiges Latex

Schrumpffaktor:
1,4–1,5

Vorlage:
Seite 140

1 Die Schuhe werden wie die Pantoffeln auf Seite 71/72 gefertigt. Die Schablone können Sie auf alle Schuhgrößen abwandeln. Für noch größere Größen geben Sie bitte pro Größe jeweils 5 mm in der Länge dazu.

2 Wenn die Schuhe fertig belegt und angefilzt sind, legen Sie das Muster aus Vorfilz auf. Nehmen Sie bei den Klavierpantoffeln am besten den Vorfilz doppelt, sonst könnte es sein, dass der Kontrast am Ende nicht hoch genug ist, da sich der Untergrund hindurchfilzt. Es ist auch möglich, am Ende im Trockenfilzverfahren das Muster nachzufilzen. Dadurch ist es besonders kontrastreich.

3 Wie in der Anleitung auf Seite 71 beschrieben kann man den Einschnitt T-förmig anlegen oder, für Pantoffeln mit höheren Fersen, Y-förmig machen. Der Y-Schnitt kommt ohne Abfall aus und endet hoch am Fuß.

4 Zuletzt streichen Sie mit einem Pinsel Latex auf die Sohle, um die Haltbarkeit der Pantoffeln zu verlängern und die Rutschgefahr zu vermindern.

Gut zu wissen

Trockenfilzen

In diesem Buch wird die Technik des Nassfilzens beschrieben. Für manche Effekte eignet sich das Trockenfilzen gut, das auch unter dem Begriff Filzen mit der Nadel bekannt ist. Eine mittlere Nadel ist für die meisten Zwecke gut zu gebrauchen. Für die Oberflächengestaltung würde man, so vorhanden, feine Nadeln wählen. Haben Sie hochfeines Merinovlies stark verdichtet, kann es schwierig werden, auf der sehr dichten Oberfläche noch etwas mit der Nadel aufzubringen. In diesem Fall bietet es sich an, die Arbeit zwischendurch trocknen zu lassen und das Muster aufzunadeln, bevor zu Ende gewalkt wird.

Hohlkörper filzen · 75

76 · Schnüre filzen und anfilzen

Beim Filzen können wir problemlos aus einer Linie einen Kreis formen. Wenn dieses Zauberstück nur überall so einfach wäre!

Schnüre filzen und anfilzen

Schnüre werden oft als Zubehör für andere Dinge benutzt. Häufig werden sie als Bindegurt eingesetzt oder als Taschenhenkel. Gerne werden Haarbänder aus aufgefädelten Schnüren gemacht oder man verwendet die Schnüre als Ketten. Auch Broschen oder Zierknöpfe lassen sich daraus machen, mit denen man auch einen nachträglich angebrachten Magnetverschluss abdecken kann. Der Fantasie sind keine Grenzen gesetzt. Ich zeige Ihnen in diesem Kapitel verschiedene Möglichkeiten von der einfachen Schnur bis hin zur raffinierten Segmentschnur.

Die Endlosschnur macht sich bestens als modische Loop-Kette. Je länger sie ist, desto häufiger können Sie sie um den Hals schlingen.

Schmuckschnur filzen

Motivgröße:
nach Belieben

Sie brauchen:
- 1/3 Kammzug feine Merinowolle in beliebig vielen Farben

Hilfsmittel:
- Filzunterlage
- Ballbrause
- Seife
- Wasser

Schrumpffaktor:
ca. 1,3

Schnüre sind oftmals nur Beiwerk, obwohl man mit etwas Übung edle Dinge daraus fertigen kann. Wenn Sie einmal herausbekommen haben, wie einfach Schnüre herzustellen sind, dann werden Sie vielleicht Blüten daran anfilzen, um sie als außergewöhnliche Paketschnur zu verwenden, oder sich ganz neue Ideen einfallen lassen. Für Taschenhenkel sind Schnüre die preiswerteste Variante. Auch wie man besonders dicke Schnüre filzt, zeige ich Ihnen auf den folgenden Seiten.

1 Kammzug trennen
Damit die Schnur nicht zu dick wird, teilen Sie etwa ein Drittel des Kammzugs ab.

2 Unterlage und Hände befeuchten
Geben Sie ein wenig Wasser auf die Arbeitsmatte, am besten dort, wo sie am weitesten von Ihnen entfernt liegt. Spritzen Sie das Wasser nicht direkt auf die Schnur, sonst wird sie zum Band.

Meine Oma sagte immer: „Gut gehangen ist halb gebügelt". Daran erinnere ich mich gerne beim Filzen von Schnüren, denn am Anfang kann es hilfreich sein, wenn Sie zunächst den Kammzug trocken über Ihre Unterlage rollen. So bekommen Sie ein Gefühl dafür, wie viel Druck wirklich nötig ist, damit Sie die Bewegung ausführen können, ohne dass etwas verrutscht. Arbeiten Sie mit beiden Händen und fangen Sie sehr sanft an. Lassen Sie die Hände von der Mitte nach außen gleiten, während Sie die Rollbewegung ausüben. Mit ein wenig Schweiß an den Händen wird die Wolle bereits zur Filzschnur, noch bevor Sie Wasser zugefügt haben.

3 Schnur rollen
Rollen Sie dann den Kammzug über die Unterlage (Filzmatte oder Noppenfolie). Wenn Sie eine Endlosschnur machen wollen, achten Sie bitte darauf, dass an einem Ende einige Zentimeter trocken bleiben. Das ist auch wichtig, wenn Sie die Schnur verlängern wollen (was nach dem gleichen Prinzip funktioniert, wie in Schritt 5 beschrieben).

»

Schnüre filzen und anfilzen

4 Mit beiden Händen rollen

Mit befeuchteten, etwas seifigen Fingern rollen Sie nun weiter und streifen dabei immer mal wieder den nassen Bereich der Filzmatte, um nach und nach mehr Feuchtigkeit in die Schnur hineinzuholen. Zuletzt sollte die Schnur komplett nass sein und es sollte möglich sein, sie inzwischen mit Druck zu rollen, ohne dass sie dabei platt wird.

Tipp: Vermeiden Sie am Anfang die immer gleichen Fehler: zu viel Kraft, zu viel Wasser auf einmal, zu wenig Geduld.

5 Schnurenden zusammenfügen

Wenn Sie zwei Schnurstücke verbinden möchten, sollten Sie die Enden jeweils trocken lassen. Fächern Sie ein Ende auf und legen Sie das Ende des nächsten Kammzugs darauf. Nun wickeln Sie diesen ein und beginnen mit viel Gefühl und zunächst noch wenig Wasser und Seife, diese Verbindung zu filzen.

6 Verbindungsstelle bearbeiten

Erst wenn die Verbindungsstelle wirklich stabil ist, wenden Sie sich weiteren Schnurabschnitten zu. Falls Probleme auftauchen, wickeln Sie einige kurze Kammzugfasern um dieses Stück – das sieht auch hübsch aus und kaum einer wird annehmen, dass es Reparaturmaßnahmen waren.

7 Walken

Wenn die ganze Schnur nass ist und gut gerollt wurde, können Sie mit dem Walken beginnen. Dabei entsteht ein sehr unebener Effekt, der bei manchen Objekten geschätzt wird. Nach dem Walken können Sie die Schnur ausspülen.

8 Schnur glätten

Stört Sie dieser Effekt, so rollen Sie die ausgespülte Schnur noch einmal über die zwischenzeitlich gereinigte Matte. Dabei wird die Schnur wieder schön glatt.

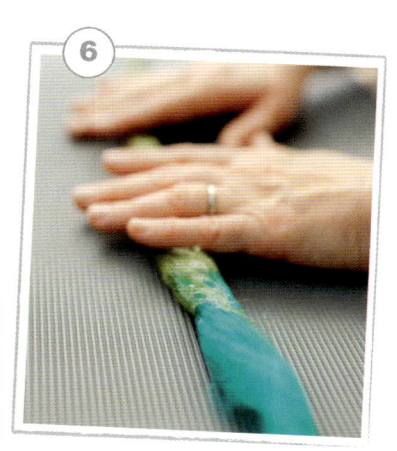

9 Fertigstellen

Die fertige Schnur kann als Loop-Kette in verschiedenen Längen getragen werden.

Schnüre filzen und anfilzen

Bei dieser außergewöhnlichen Loop-Kette wurde die Schnur vor dem Walken mit dem Skalpell geöffnet und zunächst mit den Fingern nachgefilzt. Man kann auch kleine Filzperlen in die so entstandenen Öffnungen hineingeben.

Gut zu wissen

Tipps zum Schnurfilzen

Rillen entfernen: Beim Verarbeiten eines ganzen Kammzugs lassen sich kleine Rillen kaum vermeiden. Wenn Sie einen halben Kammzug verwenden, so betrachten Sie das Ausgangsmaterial, bevor Sie es teilen. Oft sieht man bereits die spätere Bruchstelle und trennt die Wolle dann einfach dort. Sollten dennoch Rillen entstehen, ist die einfachste Lösung, eine Vliesflocke darüberzulegen und anzufilzen. Ein paar Fasern Kammzug können versuchsweise auch in die Rille gelegt und angefilzt werden. Ich bevorzuge jedoch simples Fingerspitzengefühl: Wenn es irgendwo beim Filzen schwierig wird, dann helfen meist zarte, sehr kleine Bewegungen. Mit etwas mehr Seife als sonst bewege ich die Finger über der Rille hin und her, bis sie sich schließt. Das klappt in der Regel sehr gut. Sobald die Oberfläche geschlossen ist, kann man die Schur in gewohnter Weise weiterrollen und bis zum Kern durchfilzen.

Mehrere Farben zusammenfilzen: Je dünner die Schnur ist, desto einfacher geht es. Man legt verschiedenfarbige Kammzüge aneinander und rollt sie zunächst trocken, erst später mit Wasser. Ganze Kammzüge miteinander zu verbinden, erfordert etwas Übung.

Schnur wellen: Eine Schnur lässt sich mithilfe eines dünnen Holzstäbchen aufgewickelt trocknen. Sie können noch ein wenig Haarspray aufsprühen. Die Wellen bleiben dann lange erhalten, da das Haarspray die Aufnahme von Feuchtigkeit verhindert.

Hellgrüne Loop-Kette
ausgefallenes Schmuckstück

Motivlänge:
ca. 11 m

Sie brauchen:
- feine Merinowolle im Kammzug, ca. 14 m lang
- Perlen

Schrumpffaktor:
1,3

1 Die Schnur wird wie zuvor beschrieben angefertigt, aber diesmal aus einem ganzen Kammzug. Man benötigt dafür Fingerspitzengefühl und etwas mehr Geduld, auch wenn die Arbeit prinzipiell die gleiche ist. Denken Sie bitte daran, die Schnur nicht zu schnell zu nass zu machen.

2 Die Loop-Kette können Sie nach dem Trocknen mit Perlen verzieren. Es ist interessanter, wenn Sie drei oder vier Stellen mit vielen Perlen verzieren, als wenn Sie alle Perlen gleichmäßig über die Kette verteilen.

Ein ganzer Kammzug sehr fest gearbeitet und viel kürzer als hier ergibt einen hübschen Halsreif. Sie benötigen dann Endkappen für den Verschluss.

82 · Schnüre filzen und anfilzen

Spiralschnur filzen

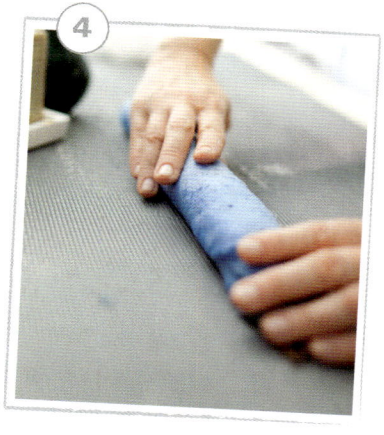

Motivgröße:
hier ca. ø 2,5 cm

Sie brauchen:
- feine Merinowolle im Vlies in zwei oder mehr Farben

Hilfsmittel:
- Filzunterlage
- Ballbrause
- Seife
- Wasser
- Netz

Schrumpffaktor:
für schöne Schnittflächen so hart wie möglich arbeiten

Besonders gute Ergebnisse erzielen Sie mit sehr feinem Merinovlies. Vom Kammzug rate ich für Spiralschnüre ab.

Aus Schnüren mit Innenleben kann man so manches herstellen: Zierknöpfe, Broschen, Augen für Filztiere oder Spielsteine wie auf Seite 137.

1 Vlies auslegen
Legen Sie eine beliebige Menge Vlies als kleines Rechteck aus. Darauf legen Sie weitere Lagen in einer oder mehr Farben. Diese weiteren Lagen legen Sie etwas kürzer aus, sodass auf einer Längsseite noch ein Stück der Grundfarbe frei bleibt.

2 Wolle flach drücken
Befeuchten Sie die Fläche nun mit Wasser, drücken Sie die Wolle an und filzen Sie sie kurz an, wie Sie es beim Flächenfilzen gelernt haben (siehe Seite 28). Lassen Sie die schmale Kante in der Grundfarbe trocken. Ich vergleiche diese mit einer Klebekante bei Papierarbeiten. Damit wird die Rolle später zusammengehalten und da die Grundfarbe übersteht, bekommt die Rolle eine gleichfarbige Außenschicht.

3 Fläche aufrollen
Wenn Sie die Vliesfläche nun aufrollen, stellt die trockene „Klebekante" sicher, dass sich die Wolle gut verbindet. Würden Sie das Rechteck von der kurzen Seite aufrollen, erhielten Sie weniger, aber dickere Stücke („Klebekante" dann entsprechend an einer kurzen Seite auslegen).

4 Filzen und walken
Beginnen Sie mit dem Filzen, indem Sie die Schnur zunächst sanft vor und zurück rollen. Streichen Sie auch immer einmal wieder entlang der Schnur. Wenn sie fester wird, nehmen Sie sie in die Hand und formen gelegentlich die Endstücke, damit hübsche Zipfel entstehen. Später können Sie kräftiger rollen. Filzen Sie so lange, bis die Schnur nicht mehr schrumpft.

5 Aufschneiden
Mit einem sehr scharfen Küchenmesser können Sie einzelne Scheiben von der fest gefilzten Schnur abschneiden. Je fester die Schnur gearbeitet wird, desto dauerhafter ist das Ergebnis, wenn sie aufgeschnitten wird.

Schnüre filzen und anfilzen · 83

Segmentschnur filzen

Motivgröße:

hier ca. ø 3,5 cm

Sie brauchen:

- feine Merinowolle im Vlies in einer oder mehr Farben
- Merinowolle im Kammzug in verschiedenen Farben (für die Schnüre)

Hilfsmittel:

- Filzunterlage
- Ballbrause
- Seife
- Wasser
- Netz

Schrumpffaktor:

für schöne Schnittflächen so hart wie möglich filzen

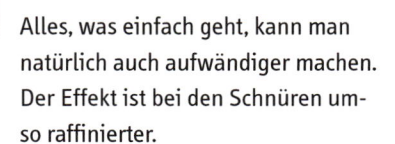

Alles, was einfach geht, kann man natürlich auch aufwändiger machen. Der Effekt ist bei den Schnüren umso raffinierter.

1 Vorbereitung

Stellen Sie zunächst einzelne Vorfilzschnüre her, die nicht zu lang gerollt sind. Diese legen Sie auf die vorbereitete Vliesfläche (siehe Spiralschnur, Schritt 1). Dabei ist es möglich, die Schnüre unterschiedlich lang auszulegen oder von andersfarbigen Schnüren ablösen zu lassen. Das Vlies kann auch rechts eine andere Farbe haben als links, wodurch Sie aus einer einzigen großen Rolle unterschiedliche „Knöpfe" in ähnlicher Art erhalten. Die Schnüre habe ich diesmal aus feinem Kammzug hergestellt. Zum Einrollen empfehle ich hochfeines Merinovlies, damit die geschnittene Oberfläche geschlossen wirkt und eine maximale Haltbarkeit erreicht wird.

2 Schnüre abdecken

Bedecken Sie die Schnüre mit einer Schicht Vlies und befeuchten Sie dann alles mit der Ballbrause.

3 Fläche aufrollen

Rollen Sie die Fläche auf wie bei der Spiralschnur in Schritt 3 beschrieben. Sie haben diesmal nur eine Richtung zur Auswahl. Die überstehenden Schnurenden können Sie abschneiden. Beginnen Sie mit dem Filzen, indem Sie die Schnur sanft vor und zurück rollen und auch immer mal wieder über die Schnur streichen. Auch die Segmentschnur sollte unbedingt so lange gerollt und geknetet werden, bis sie nicht mehr zu schrumpfen scheint.

84 · Schnüre filzen und anfilzen

Ring filzen

Motivgröße:
fingergroß

Sie brauchen:
- feine Merinowolle im Vlies, ca. 1–2 g

Hilfsmittel:
- Filzunterlage
- Seife
- Wasser

Schrumpffaktor:
ca. 1,5

Man kann Ringe auch aus Kammzug herstellen. Ich finde aber, dass man mit Vlies das gleichmäßigere Ergebnis erzielt.

Aus Schnüren kann man auch Ringe formen. Ringe können sehr schlicht gearbeitet sein. Sie können wie hier mit kleinen Perlen ergänzt werden oder auffallend mit angefilzten Teilen. Beim roten Ring auf Seite 87 zeige ich, wie man einen Ring an ein Schmuckteil anfilzt.

Bei diesen Ringen habe ich mit dem Cutter kleine Schnitte gemacht und die Perlen in die Zwischenräume genäht.

1 Wolle aufwickeln
Wickeln Sie eine Flocke Wolle säuberlich zwei bis dreimal um zwei Ihrer Finger.

2 Vorbereiten zum Filzen
Befeuchten Sie die Wolle, indem Sie die Finger mit der Wolle in eine Schüssel mit Wasser tauchen, und streichen Sie mit dem Ring über den Seifenblock.

Schnüre filzen und anfilzen · 85

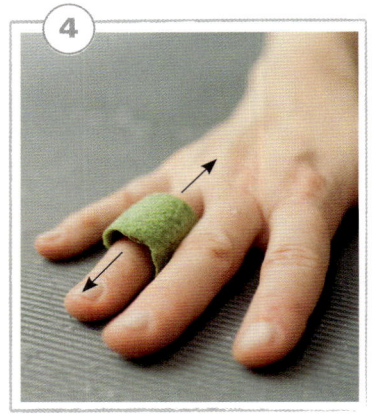

3 Anfilzen
Filzen Sie den Ring ganz vorsichtig an. Zunächst reiben Sie ihn ausschließlich, indem Sie die Finger nach links und rechts bewegen.

Tipp: Soll der Ring nicht flach, sondern rund werden, so rollen Sie ihn frühzeitig vorwärts und rückwärts. Dabei verändert sich seine Grundform zur Schnur.

4 Filz schrumpfen
Später können Sie auch im 90-Grad-Winkel dazu reiben. Solange Sie den Ring seitwärts über die Noppenfolie/Matte streichen, schrumpft er in der Größe. Fahren Sie so fort, bis der Ring die passende Größe für Ihren Finger hat. Bedenken Sie, dass er seifig-nass besser über den Finger geht als im trockenen Zustand.

5 In Form schneiden
Dieser Ring hier wird am Ende beschnitten, wenn er schon so fest gefilzt ist, dass die Schnittkante ohne Nachbearbeitung gut aussieht.

Gut zu wissen

Muster auffilzen
Wenn Sie etwas auf den Ring auffilzen möchten, wie eine Kugel, dann sollten Sie diese bereits im Vorfilzstadium auf die anzufilzende Fläche legen. Auch diese muss noch im Vorfilzstadium sein. Legen Sie außerdem eine Wollflocke über das anzufilzende Teil und ziehen Sie deren Enden durch den Ring. Das gibt zusätzlichen Halt. Eventuell legen Sie auch noch etwas Wolle rund um das anzufilzende Teil, um es abzupolstern.

Es spricht aber auch nichts dagegen, einfach etwas auf den Ring aufzunähen oder ihn mit kleinen Perlen zu besticken.

Schnüre und Bänder anfilzen

Motivgröße:
ca. ø 5 cm (Blüte)

Sie brauchen:
- feine Merinowolle im Vlies für die Blüte
- Merinowolle im Kammzug für den Ring
- flacher Kiesel oder Schmuckstein in Schwarz
- Noppenfolienstücke in Schmucksteingröße
- Rocailles zum Besticken

Hilfsmittel:
- Filzunterlage
- Ballbrause
- Seife
- Wasser
- Netz
- Schere

Schrumpffaktor:
ca. 1,5

Mit weniger Wolle fertigen Sie zarte Blüten. Für die stilisierte Blüte sollten Sie bewusst ein wenig dicker auslegen.

Schnüre und Bänder können Sie einfach als Dekoration anfilzen. Sie können ihnen aber auch eine Funktion zuweisen. An Schalen können Schnüre zu Henkeln werden, an Kissen zu Verschlüssen (Seite 121). An diese Blume wird ein Band als Ring angefilzt.

1   Ring vorbereiten
Teilen Sie ein kleines Stück Kammzug in der Breite ab, legen Sie eine Schlaufe um zwei Finger und binden Sie diese direkt unterhalb der Finger mit einem sehr dünnen kurzen Kammzugfaden ab. Das überstehende Ende wird später auf eine Länge gekürzt (siehe Foto 2) Bearbeiten Sie das Ringstück vorsichtig mit seifigen Fingern und reiben Sie es sanft über die Riefenmatte/Noppenfolie. Nach dem Anfilzen machen Sie mit lediglich einem Finger weiter. Solange Sie in Ringform reiben, schrumpft der Ring. Sobald Sie „über" die Ringform hinwegreiben, wird er schmaler. Auf diese Weise könnten Sie das Band sogar zu einer Schnur formen. Sie müssen den Ring noch nicht passend filzen. Es reicht momentan, wenn er bereits fest ist.

2   Benötigte Einzelteile
Die Broschen und Ringaufsätze sind simple Flächen, in die ein Glasnugget integriert wird (siehe Seite 117). Damit der Ring noch an die Rückseite gefilzt werden kann, darf die Fläche nur leicht angefilzt sein. Außerdem benötigen Sie noch etwas trockene Vlieswolle zum Abdecken und Fixieren des Ringansatzes.

3   Schnur aufsetzen
Wenn Sie etwas anfilzen möchten, dann muss eine Seite trocken sein und die andere sollte sich noch im Vorfilzstadium befinden. Dann setzen Sie die Schnur mit dem aufgefächerten Ende auf den Untergrund. Der Vorgang ist immer der gleiche, egal ob es eine einzelne Schnur, ein Ring oder ein Schnurbündel ist.

»

Schnüre filzen und anfilzen

Die Blüten werden nach dem Filzen in die gewünschte Form geschnitten. Die Schmucksteine werden wie auf Seite 117 beschrieben eingefilzt.

4   Ansatzstelle abdecken
Legen Sie weitere Wollflocken um die Ansatzstelle, um diese zu verdecken.

5   Filzen
Nun filzen Sie die Fläche sehr vorsichtig an (siehe Seite 28). Anfangs können Sie wieder ein Netz auflegen. Achten Sie sehr darauf, dass sich die Position des Rings nicht verändert.

88 · Schnüre filzen und anfilzen

Paralleles Filzen von Henkeln

Motivgröße:
ca. 48 cm x 26 cm

Sie brauchen:
- feine Merinowolle im Vlies, ca. 400 g
- 2 Stränge feine Merinowolle im Kammzug, jeweils 70 cm lang
- Schablone aus fester Noppenfolie oder alter Gymnastikmatte, 46 cm x 40 cm
- gekochte Norwegersocke
- Nunofilzreste
- Holzperlen

Hilfsmittel:
- Filzunterlage
- Ballbrause
- Seife, Wasser
- Netz
- Bandmaß, Schere

Schrumpffaktor:
mindestens 1,4

Vorlage:
Seite 140

Zwar sehen Taschengriffe aus Leder edel aus und lassen sich leicht an einer Filztasche anbringen, manchmal aber passen Henkel aus Filz einfach besser. Zudem sind sie günstiger als solche aus Leder. Die hier gezeigte Tasche ist aufwändig geschmückt, sodass die schlichten schwarzen Filzhenkel nicht vom eigentlichen Design ablenken. Ein fest gefilzter Kammzug ist etwa 1 cm stark. Sie können ihn mit Vlies umwickeln, damit er stärker wird.

Ich verwende für die Henkel gerne Kammzug, selbst wenn ich sie später mit Vlies verstärke, weil sie sich dann gleichmäßiger herstellen lassen, und auch, weil die trockenen Kammzugenden sich flacher auffächern lassen als Vlies. Dadurch kann man die Henkel sehr unauffällig anfilzen und muss nicht viel ausgleichen.

1 Henkel anfilzen und verstärken

Nehmen Sie zwei ca. 70 cm lange Schnüre vom Kammzug, die Sie nach dem Anfilzen über eine Breite von 50 cm mit Vlies verstärken können. Dabei stehen 10 cm an jeder Seite über und bleiben trocken, damit man die Henkel später anfilzen kann. Achten Sie darauf, dass beide Henkel exakt gleich gearbeitet werden. Später fallen Unterschiede in Stärke und Länge sehr auf. Rollen Sie den angefilzten Kammzugstrang eng im Vlies auf und filzen Sie die Schnur (siehe Seite 84). Die Henkel können Sie bereits fast fertig filzen, die Enden bleiben aber unbedingt trocken.

»

Tipp: Ein ganzer Kammzug ist für die meisten Taschenhenkel ausreichend. Ergibt auch schön steife Reifketten. Ein halber Kammzug ist für die meisten Schnüre gut geeignet. Für Loop-Ketten nehmen Sie vielleicht nur ein Drittel des Kammzugs. Ein Viertel Kammzug reicht für das Mausschwänzchen auf Seite 135. Die parallel liegenden Fasern im Kammzug sind leicht zu teilen.

2 Henkel auflegen

Schneiden Sie die Schablone etwas höher zu als benötigt, damit die Taschenöffnung nicht zufilzt und die Henkel sauber getrennt werden. Bei durchsichtiger Noppenfolie können Sie sehen, an welcher Stelle auf der Rückseite Sie die Henkel fixiert haben. Legen Sie die Henkel in gleichem Abstand zu den Außenkanten an (jeweils etwa ein Drittel der Gesamtbreite entfernt).

3 Tasche anfertigen

Fächern Sie die trockenen Schnurenden auf, dann wird die Ansatzstelle nicht zu dick und es gelingt auch besser. Legen Sie nun die Wolle für die Tasche wie gewohnt aus (siehe ab Seite 27). Lassen Sie aber oben ein Stück Schablone herausgucken.

4 Fertigstellen

Bitte denken Sie daran, dass die Schablone größer ist als das Endprodukt! Ist der Henkel schon kräftig gefilzt worden, wird er zunächst zu kurz wirken. Das gibt sich.

Beim Wenden der Arbeit geben Sie bitte besonders Acht darauf, dass die noch nicht fest verbundenen Henkel nicht abfallen. Am besten greift man sie beim Wenden mit.

Beenden Sie die Tasche in gewohnter Weise und arbeiten Sie den Boden kräftig heraus. Ein Walkholz ist dabei sehr nützlich. Je kräftiger Sie die Tiefe der Tasche herausarbeiten, desto mehr Fläche beansprucht der Boden und desto schmaler wird die Tasche im Vergleich zur Schablone.

5 Verzieren

Für die aufgesetzten Blumen habe ich eine zu heiß gewaschene Norwegersocke und Reste vom Nunofilzen in Kreise geschnitten und zusammen mit Perlen aufgenäht. Wenn Sie die Tasche schon während des Filzens mit Mustern belegen, denken Sie daran, das Muster nicht zu tief anzusetzen, da ein Teil der auf der Schablone ausgelegten Wolle als Boden unter der Tasche verschwinden wird.

Tipp: Ansatzteile werden immer zuerst gefertigt, damit sie später bereitliegen. Fertigen Sie also immer erst den Henkel.

Falls Sie verschiedene Farben für Henkel und Tasche gewählt haben, ist es sinnvoll, erst einmal eine Schicht Wolle in der gewählten Innenfarbe der Tasche aufzulegen, bevor Sie die Henkelenden an der gewünschten Stelle auf die Schablone legen. So werden die Ansatzstellen kaschiert.

Wollsocken zu heiß gewaschen? Werfen Sie sie nicht weg. Die Blütenverzierung zeigt, wie aus dem Malheur ein richtig schönes Design wird.

Schnüre filzen und anfilzen

92 · Kugeln filzen

Es gibt nichts Meditativeres als die Kugelform. Selten wird es so still im Kurs.

Kugeln filzen

In diesem Kapitel werden massive Kugeln für Schmuck, zur Verzierung oder zum Aufschneiden angefertigt. Wie Sie geometrisch exakte Hohlformen filzen, erfahren Sie im nächsten Kapitel.

Auch der Stein auf dem Foto war eine Kugel, bevor ich ihn zu meinem Yogakissen machte. Ich habe ihn über einem Wasserball gefilzt. Kugeln können Sie ebenso für Schmuck, wie Ketten und Haargummis, einsetzen.

Schnelles Bällchen filzen

Motivgröße:

hier ca. ø 5 cm

Sie brauchen:

- vorhandene Wollreste im Vorfilzstadium, ca. 20–30 g
- Merinowolle im Vlies (zum Ummanteln)

Hilfsmittel:

- Filzunterlage
- Seife
- Wasser
- Schüssel
- scharfes Messer

Schrumpffaktor:

für schöne Schnittflächen so hart wie möglich filzen

Kugeln kann man auf sehr unterschiedliche Weisen herstellen. Wie immer gilt der Grundsatz, dass der Verwendungszweck bestimmt, welche Eigenschaften die Kugel haben muss. Danach werden Materialien und Verfahren gewählt.

1 Wollreste formen
Fassen Sie die Wollreste fest zu einem Bällchen zusammen.

2 In Wasser tauchen
Tauchen Sie die Kugel in Wasser und warten Sie, bis keine Luftblasen mehr aufsteigen. Lassen Sie überflüssiges Wasser ablaufen.

3 Anfilzen
Glätten Sie dann die Oberfläche der Kugel mit seifig-nassen Händen. Ab jetzt ist Fingerspitzengefühl gefragt: Bewegen Sie die Kugel zwischen Ihren Fingern und streicheln Sie dabei mit den Fingerspitzen sanft über die Oberfläche.

4 Wolle auflegen
Diese grobe Kugel wird zunächst mit zwei bis drei größeren Vliesstücken ummantelt und vorsichtig angefilzt.

5 Weiter in Wolle einhüllen
Legen Sie anschließend weitere Wollflocken auf, bis die Oberfläche überall schön glatt ist. Streichen Sie die neue Flocke jeweils millimeterweise an die leicht seifige Kugel an. Was immer die Kugel berührt, muss auch nass sein. Am besten sorgen Sie dafür, dass die Kugel genügend Feuchtigkeit in sich trägt. Streichen Sie die Wolle sorgfältig an, bis alles faltenfrei aufliegt. Es wäre ein Leichtes, die Kugel in diesem Stadium zu zerquetschen, deshalb verlassen Sie sich auf Ihr Fingerspitzengefühl und stupsen Sie das empfindliche Gebilde immer wieder in Kugelform zurecht. Je fester Sie zu Beginn gewickelt haben, desto einfacher wird dies für Sie sein.

6 Filzen
Nun erst beginnen Sie damit, die Kugel zwischen den Händen zu rollen. Bewegen Sie die Kugel zunächst sehr sanft, später auch fester zwischen den Händen. Filzen Sie von der Oberfläche nach innen. Halten Sie die Kugel ständig in Bewegung und sorgen Sie regelmäßig für genug Feuchtigkeit und etwas Seifenschaum. Mit zunehmender Festigkeit werden Ihre Bewegungen allmählich immer energischer und die Filzkugel verfestigt sich.

7 Walken

Zuletzt dürfen Sie fest hineinkneifen und im besten Fall wird die Kugel nicht mehr nachgeben. Das ist der Zeitpunkt, die Kugel auszuwaschen. Da sehr fest und dick aufgebaute Teile schwer auszuwaschen sind, geben Sie einen Schuss Essig ins letzte Spülwasser. Das neutralisiert den durch die Seife ins Basische verschobenen ph-Wert. Trocknen Sie die Kugel auf einem Handtuch.

8 Aufschneiden

Nach dem Auswaschen kann die Kugel aufgeschnitten werden. Die Methode führt zu schnellen Ergebnissen, insbesondere wenn man große Kugeln wünscht. Soll die Kugel später nicht aufgeschnitten werden, so kann man auch mit fester gefilzten Wollresten arbeiten, wie bei den Kieselsteinen auf Seite 100.

Die aufgeschnittenen Bällchen offenbaren schöne Zufallsmuster.

Kugeln filzen · 95

Mehrschichtkugel filzen

Motivgröße:

hier ca. ø 5 cm

Sie brauchen:

- Merinowolle im Kammzug oder Vlies in den gewünschten Farben, ca. 20–30 g

Hilfsmittel:

- Filzunterlage
- Seife
- Wasser
- Schüssel
- scharfes Messer

Schrumpffaktor:

für schöne Schnittflächen so hart wie möglich filzen

Die feine Mehrschichtkugel ist technisch anspruchsvoller als das einfache Bällchen. Diese Kugel kann angeschnitten werden. Wenn Sie das nicht möchten, reicht es, den ersten Schritt mit viel mehr Wolle auszuführen, wie beim schnellen Bällchen.

1 Anfang machen

Zupfen Sie dünne Stücke von der Filzwolle ab. Nehmen Sie eines der Stücke und wickeln Sie es sehr fest ein, bis Sie eine kleine Filzerbse in Händen halten. Lockern Sie den Griff nicht!

2 Kugel nass machen

Tauchen Sie die Filzperle ins Wasser und warten Sie, bis keine Luftblasen mehr aufsteigen. Lassen Sie überschüssiges Wasser ablaufen und streichen Sie dann vorsichtig mit der Filzerbse über die Seife.

3 Anfilzen

Ab jetzt ist Fingerspitzengefühl gefragt: Bewegen Sie das Kügelchen zwischen den Fingern und streicheln Sie dabei mit den Fingerspitzen sanft über die Oberfläche. Passen Sie auf, dass Sie das zarte Kügelchen nicht zerquetschen. Stupsen Sie es immer wieder in Kugelform zurecht. Viele wollen die Kugel zwischen den Händen rollen. Ich empfehle Ihnen aber, diese Bewegung erst beim Walken einzuführen, wenn bereits die ganze Wolle auf der Kugel verteilt liegt.

4 Feucht halten

Bevor Sie neue Wolle auflegen, überprüfen Sie, ob die Kugel noch mehr Wasser aufnehmen kann. Geben Sie dafür mit den Fingerspitzen einige Tropfen Wasser auf die Kugel und reiben Sie sie in gewohnter Weise zwischen den Fingerspitzen. Da Sie die Kugel konstant in Bewegung halten, kann sie recht viel Wasser aufnehmen. Halten Sie inne, wird sofort etwas davon auslaufen. – Jetzt haben Sie genug Wasser in der Arbeit. Nehmen Sie mit den Fingerspitzen etwas Seife auf und streicheln Sie dann wieder die Kugel.

5 Wollflocken auflegen

Wenn Sie eine neue Wollflocke auflegen wollen, dann bedenken Sie bitte, dass die Wolle sich entspannt, sobald

sie nass wird. Streichen Sie die Flocke millimeterweise an die leicht seifige Kugel an und streicheln Sie die Wolle, bis alles faltenfrei aufliegt.
Wollen Sie eine Mehrschichtkugel herstellen, so werden Sie zu Beginn mit einer einzigen Fluse mehrfach um das Kügelchen kommen, aber später mehrere Flusen einer Farbe auflegen müssen, um eine geschlossene Farbschicht zu erzielen.

6 Anfilzen mit Fingerspitzen

Legen Sie Schicht für Schicht auf und reiben Sie dabei zunächst nur mit den Fingerspitzen. Sorgen Sie regelmäßig für genug Feuchtigkeit und sehr wenig Seifenschaum. Es mangelt selten an Seife, aber fast immer an genügend Wasser und Reibung.

7 Filzen zwischen den Händen

Wenn die Kugel die gewünschte Größe hat, beginnen Sie zunächst sehr sanft, später fester, die Kugel zwischen den Händen zu rollen. Filzen Sie von der Oberfläche nach innen und mit mehr Druck, je weiter sich die Kugel verfestigt. Die Kugel sollte zuletzt nicht mehr nachgeben.

8 Fertigstellen

Jetzt ist der Zeitpunkt gekommen, die Kugel auszuwaschen. Geben Sie einen Schuss Essig ins letzte Spülwasser, um die Seife zu neutralisieren. Schneiden Sie die Kugel auf oder verschenken Sie sie als Wunschkugel (siehe rechts).

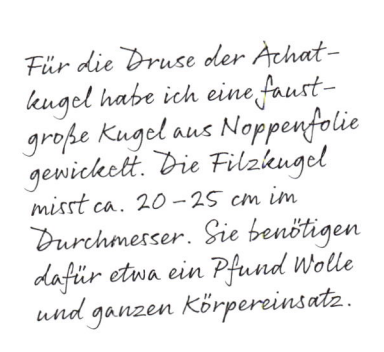

Für die Druse der Achatkugel habe ich eine faustgroße Kugel aus Noppenfolie gewickelt. Die Filzkugel misst ca. 20–25 cm im Durchmesser. Sie benötigen dafür etwa ein Pfund Wolle und ganzen Körpereinsatz.

Gut zu wissen

Wunschkugel als Geschenkidee

Manchmal kommt es darauf an, was man aus einer Sache macht. Ich verschenke die Kugeln als Wunschkugeln. Sie können während dieser sehr meditativen Arbeit ihre guten Wünsche in die Kugel „einfilzen". Die Filzkugel sieht zunächst nicht spektakulär aus, aber erklären Sie dem Beschenkten, dass Sie ihre besten Wünsche hineingelegt haben und dass er die Kugel mit einem scharfen Messer öffnen soll, wenn er einen Wunsch hat, der ihm wirklich wichtig ist.

Kugeln filzen · 97

Adventskalender
mit Wunschkugeln

Motivgröße:
ca. 65 cm x 52 cm

Sie brauchen:
- Filzwolle für die Kugeln, insgesamt ca. 480 g
- Filzwolle für den Untergrund, ca. 150–200 g

Hilfsmittel:
- Filzunterlage
- Ballbrause
- Seife
- Wasser
- Schüssel
- scharfes Messer

Schrumpffaktor:
Untergrund mindestens 1,3; Kugeln so fest, wie es geht

Als meine Kinder im Schüleraustausch waren, habe ich ihnen diesen Wunschkugel-Adventskalender gefilzt. Jeden Morgen habe ich eine Kugel aufgeschnitten, fotografiert und bei Facebook veröffentlicht. An manchen Tagen soll das hilfreich gewesen sein.

1 Fertigen Sie zunächst 24 Mehrschichtkugeln und filzen Sie diese nur leicht an. Legen Sie graue Vlieswolle auf einer Fläche von ca. 85 cm x 68 cm aus (bei Schrumpffaktor 1,3), filzen Sie diese an und verteilen Sie die ganzen (nicht aufgeschnittenen) Kugeln. Dabei ausreichend Abstand zwischen den Kugeln lassen.

2 Legen Sie dann die Vlieswolle darüber und filzen Sie die Kugeln vorsichtig an. Wie man Kugeln am besten anfilzt, wird im Kapitel Oberflächengestaltung beschrieben (siehe Camouflage-Technik, Seite 116). Vergessen Sie nicht, die Kugeln zu unterfüttern! Der Abstand der Kugeln schrumpft dabei. Filzen Sie die Kugeln sehr fest, damit es später, beim täglichen Aufschneiden einer Wunschkugel, schöne Schnittkanten ergibt.

Haargummis
mit fröhlichen Filzkugeln

Motivgröße:
hier ca. ø 2,5 cm

Sie brauchen:
- handkardiertes Merinovlies (siehe Seite 113), 2–4 g
- Hutgummi, ca. 25–30 cm lang

Schrumpffaktor:
mindestens 1,3

1 Die verwendete Wolle habe ich mit den Fingern kardiert wie auf Seite 113 beschrieben. Wenn Sie möchten, dass die Kugeln nicht auf dem Gummiband verrutschen, knoten Sie zunächst das Hutgummi um eine erste Wollfluse (Vlies oder Kammzug). Dieses Prinzip ist wichtig zu verstehen, wenn Sie sich später an die Kette auf Seite 133 heranwagen wollen.

2 Dann rollen Sie die verknotete Wolle zu einer festen Erbse, wie auf Seite 96 beschrieben. Auflegen und Anfilzen der Wolle sowie Filzen und Walken der Kugel geschehen ebenso wie bei der Mehrschichtkugel, nur dass dieses Mal ein Gummiband an der Kugel baumelt. Lassen Sie sich davon nicht stören.

3 Formen Sie auch eine Wollkugel über den Knoten, der entsteht, wenn Sie das Hutgummi verknoten. Legen Sie die Wolle in den Knoten, bevor Sie ihn zusammenziehen und filzen Sie wie zuvor weiter. Spülen Sie die Kugeln ohne Essig aus, weil dieser das Gummiband schädigt. Wenn Sie mögen, können Sie Perlen auf die Kugeln nähen.

Kugeln filzen · 99

Kieselsteine
naturgetreu, aber weich

Motivgröße:

nach Belieben

Sie brauchen:

- Filzwolle im Vlies, ca. 15 g (ø 6 cm), 50 g (ø 11 cm), 150 g (ø 15 cm) oder 450 g (ø 20 cm)

Hilfsmittel:

- Filzunterlage
- Ballbrause
- Seife
- Wasser

Schrumpffaktor:

mindestens 1,3; abhängig von Verwendung

1 Kieselsteine aus Wolle faszinieren und werden in meinen Kursen immer wieder gewünscht. Wir haben sie inzwischen in verschiedensten Techniken ausprobiert.

2 Version 1: Wie beim schnellen Bällchen (siehe Seite 94) verwenden Sie Reste, in diesem Fall können es sogar fest gefilzte Reste sein. Diese müssen etwas dicker mit frischer Filzwolle umwickelt werden, da das fest gefilzte Innenleben sonst beim Walken eine zu dünne Außenschicht durchbrechen könnte. Die Kugel kann je nach den verwendeten Resten betont uneben ausfallen. Dies betont den Eindruck einer sehr natürlichen Kieselform. Für Schmucksteine rollen Sie eine Kugel einfach beizeiten platt.

3 Version 2: Sie können auch einen echten Stein umfilzen und ihn als Türstopper oder Briefbeschwerer benutzen. Auch in diesem Fall kann die Wolle nur begrenzt schrumpfen, weshalb Sie genügend Material auflegen und ggf. an eine Zwischenschicht denken sollten.

4 Bei der Gestaltung gehen Sie bitte nach dem Prinzip vor: Weniger ist mehr. Legen Sie auf die letzte Schicht einige Seidenfäden oder eine Linie aus weißem Kammzug auf. Teilen Sie diese partiell, d. h. ziehen Sie die Fasern auseinander und machen Sie so ein Loch in die Linie. Anfänger sind manchmal versucht, immer mehr Farbstränge kreuz und quer auf den Kiesel zu legen. Für eine überzeugende Färbung betrachten Sie Steine in der Natur: Meist liegt eine Spur und bisweilen schmiegen sich weitere Farbnuancen an, diese liegen aber meist in die gleiche Richtung.

Tipp: Wenn ich harte Reste verwende, lege ich bei größeren Objekten als Zwischenschicht eine Lage Stopfwolle um die Form. Diese Wolle filzt nicht gut, aber sie bietet einen Puffer zwischen Innenleben und schrumpfender Hülle. Es reicht aber auch, eine ausreichend große Menge Filzwolle um den harten Kern zu legen.

Für Kieselsteine kann man wunderbar die verschiedenen im Handel erhältlichen Naturfarben miteinander mischen. Wenn Sie Schmuckkiesel herstellen wollen, z.B. für eine Kette oder ein Armband, verwenden Sie aber besser Merinowolle, sonst könnte der Schmuck auf der Haut kratzen.

Kugeln filzen · 101

102 · Filzen mit Formen

Form ist Leere. Leere ist Form. Es ist egal, ob Sie meditieren, abwaschen oder filzen. Auf die Haltung kommt es an.

Filzen mit Formen

Manchmal möchten Sie eine Form umfilzen, z.B. ein Teelicht, eine Wärmflasche oder eine Vase. Arbeiten Sie direkt auf der Form, bleibt der Filz zu locker, weil er keine Gelegenheit zum Schrumpfen hat. Also beginnen die meisten mit einer Schablone und filzen später direkt an der inzwischen eingebrachten Form weiter. Je nach Objekt können Sie das Problem aber umgehen, indem Sie die Form zuvor künstlich vergrößern. Wie das geht, erfahren Sie auf den folgenden Seiten.

Die Kugeldöschen machen sich als Schmuckbehälter bestens. Fertigen Sie je nach Wunsch kleine Kugeln, einen Ring oder ein Plättchen, das in der Mitte tiefer ist als außen, um die Kugeldose darauf zu platzieren. Sie können auch den Boden soweit plätten, dass die Kugeldose von selbst steht.

104 · Filzen mit Formen

Kugeldöschen filzen

Motivgröße:
ca. ø 7,5 cm

Sie brauchen:
- feinste Merinowolle im Vlies in zwei Farben, hier ca. 50 g, und eine Flocke für den Griff
- Styroporkugel, ø 6 cm

Hilfsmittel:
- Filzunterlage
- Ballbrause
- Seife
- Wasser
- Küchenfolie
- Noppenfolie

Schrumpffaktor:
1,3

Anhand einer kleinen Dose möchte ich Ihnen das Prinzip erklären, wie man eine Hilfsform umfilzen kann. Verwenden Sie für diese Technik feine Filzwolle im Vlies. Mit Kammzug erschweren Sie sich die Arbeit unnötig und die Schnittkanten werden nicht so schön. Es wäre auch möglich, die Kugel direkt zu umfilzen. Allerdings werden dabei die inneren Lagen Wolle nicht so gut verdichtet und die Schnittkanten müssen gründlicher nachbearbeitet werden.

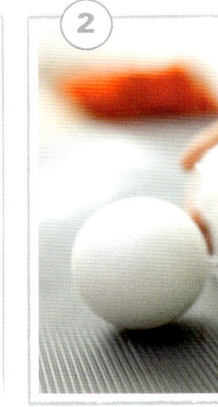

1 Styroporkugel vergrößern
Als Erstes fertigen Sie eine Schnur für den Griff am Deckel an (siehe Seite 79). Zum Anfilzen bleibt das Ende trocken. Alternativ könnten Sie später auch kleine Kugeln annähen oder -kleben.
Da man selten zwei Kugeln zur Hand hat, deren Größe exakt zum Schrumpfungsvorgang passt, beginnen Sie, indem Sie die Styroporkugel in Noppenfolienreste wickeln (diese wird später wieder entfernt). Ganz einfach können Sie die Noppenfolie dadurch fixieren, dass Sie zuletzt eine Lage Frischhaltefolie herumwickeln.

2 Vorher-Nachher-Vergleich
Die Größe der Kugel sollte durch das Umwickeln um ca. ein Drittel wachsen (hier auf ca. 7–8 cm). Bei diesem Projekt ist es nicht sinnvoll, den Schrumpffaktor zu ehrgeizig anzusetzen.

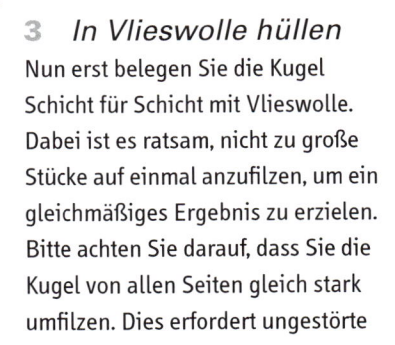

3 In Vlieswolle hüllen
Nun erst belegen Sie die Kugel Schicht für Schicht mit Vlieswolle. Dabei ist es ratsam, nicht zu große Stücke auf einmal anzufilzen, um ein gleichmäßiges Ergebnis zu erzielen. Bitte achten Sie darauf, dass Sie die Kugel von allen Seiten gleich stark umfilzen. Dies erfordert ungestörte Konzentration. Versuchen Sie, die Kugel immer wieder zu drehen. Auf diese Weise bleibt das Wasser darin und Sie müssen nicht immer wieder neues Wasser zufügen. Wenn Sie

Filzen mit Formen · 105

ein neues Stück Wolle angelegt haben und es noch nicht feucht genug ist, halten Sie diesen Teil vorübergehend nach unten und schnell wird er feucht genug sein, da das in der Arbeit gespeicherte Wasser nach unten fließt.

4   Zipfel anfilzen
Filzen Sie einen farbigen Zipfel an, bevor Sie die zweite Farbe um die Kugel filzen (siehe Seite 87). Dann ist der andersfarbige Ansatz verdeckt.

5   Zweite Farblage
Indem Sie das Vlies in mindestens zwei Farben auslegen, verringern Sie die Gefahr, dass eine Stelle zu dünn gerät. Das nächste Stück Wolle legen Sie auf den Zipfel und stecken ihn hindurch; das kaschiert den andersfarbigen Ansatz am einfachsten.

6   Filzen und walken
Nach dem vorsichtigen Anfilzen wird die Kugel so lange kräftig gewalkt, bis sie deutlich geschrumpft ist und eng an der inneren Form anliegt. Sie können die Kugel zwischendurch ausspülen.

7   Vergleich
Die Styroporkugel als Ausgangsform, die Kugel nach dem Anfilzen und – stark geschrumpft – nach dem Walken.

8   Kugel aufschneiden
Schneiden Sie mithilfe eines Skalpells oder eines Cutters einmal rund um die Kugel. Wenn Sie sich unsicher sind, wo Sie schneiden sollen, dann können Sie die Schnittlinie mithilfe eines wasserlöslichen Stiftes vorzeichnen oder mit Stecknadeln markieren.

9   Zwischenschicht herausnehmen
Nun können Sie die Folien herausnehmen.

10   Weiterfilzen
Legen Sie die Styroporkugel erneut in die nun zweiteilige Filzform.

11   Walken
Durch beständiges Kneten verkleinern Sie die Filzhülle weiter, bis sie erneut dicht um die Kugel liegt. Dabei werden die Schnittkanten automatisch mitbehandelt, ohne dass Sie Ihnen spezielle Aufmerksamkeit widmen. Spülen Sie danach die Kugelhälften aus und setzen Sie sie zum Trocknen wieder auf die inzwischen gesäuberte Styroporkugel. Ein untergelegtes Handtuch beschleunigt die Trocknung.

106 · Filzen mit Formen

Runde Tasche
ausgefallenes Accessoire

Motivgröße:
ca. ø 15 cm

Sie brauchen:
- Merinowolle im Vlies, 100 g
- Merinowolle im Kammzug, ca. 2 m lang (für Umhängeband)
- Reißverschluss
- Styroporkugel, ø 15 cm
- Ahle

Schrumpffaktor:
1,4–1,5

1   Die runde Tasche wird genauso gefertigt, wie Sie das gerade mit der Kugeldose ausprobiert haben. Sie benutzen lediglich eine größere Styroporkugel und schneiden zuletzt nicht beide Hälften auseinander, sondern lassen eine kleine Verbindung bestehen.

2   Für das Umhängeband teilen Sie einen 2 m langen schwarzen Kammzug in zwei dünnere Hälften und filzen eine Hälfte zu einer stabilen Schnur.

3   Mit einer Ahle können Sie ein Loch in die obere Kugelhälfte stechen und beide Schnurenden hindurchziehen. Innen werden sie verknotet. Selbstverständlich könnten Sie auch sofort die Schnüre an der Kugel anfilzen, allerdings lässt sich das Band dann nicht mehr kürzen, falls es zu lang ausfallen sollte. Auch könnte bei Anfängern eine Unebenheit in der Form entstehen.

4   Wenn die Filzarbeiten beendet sind, messen Sie nach, welche Länge der Reißverschluss haben muss. Das Annähen erfordert ein wenig Geschick.

Filzen mit Formen · 107

Plättchen filzen

Motivgröße:

ca. ø 3,5 cm

Sie brauchen:

- Merinowolle im Vlies, ca. 1–2 g (für einen Deckel mit ø 4,5 cm)
- Glasdeckel in der gewünschten Größe, hier ø 4,5 cm
- elastisches Schmuckband
- ggf. Münzen, Kronkorken oder Glasnuggets

Hilfsmittel:

- Filzunterlage
- Ballbrause
- Seife
- Wasser

Schrumpffaktor:

mindestens 1,3 oder mehr, falls Sie Knöpfe herstellen wollen

Birgit Wiedecke, eine meiner Kursteilnehmerinnen, begann eines Abends, einen Glasdeckel mit Wolle zu füllen und zu filzen, so wie manche Trockenfilzer Wolle in ein Backförmchen stopfen. Diese einfache Technik ist wunderbar geeignet, um gleichmäßige Medaillons zu formen, die an den Kanten schön gerundet sind. Man kann somit auch Farbeffekte verwirklichen, die nicht möglich wären, wenn man die Plättchen aus einer Fläche ausschneiden würde.

1 Wolle in den Deckel legen
Wenn Sie ein Muster wünschen, legen Sie dieses zuerst in die Form. Hier wird eine hauchdünne Flocke andersfarbige Wolle verwendet, um die Oberfläche zu marmorieren. Füllen Sie die Form dann mit Wolle.

2 Befeuchten
Geben Sie mit der Ballbrause etwas Wasser in den Deckel. Die Wollränder stehen zu diesem Zeitpunkt noch über.

3 Überstand einklappen
Klappen Sie dann den Überstand in den Deckel und drücken Sie die trockenen Ränder mit seifigen Fingern auf der feuchten Wolle an. Arbeiten Sie jetzt ggf. eine Münze in das Plättchen ein wie auf Seite 117 beschrieben.

4 Filzen im Deckel
Nun filzen Sie die Wolle an; anfangs ganz zart, damit sich die Fasern nicht verschieben.

5 Filzen in der Hand und wenden

Zwischendurch nehmen Sie das Plättchen heraus und bearbeiten die Kanten mit Gefühl nach. Reiben Sie ganz zart mit drei Fingern am Rand entlang (siehe Foto).

6 Weiterfilzen im Deckel

Legen Sie dann das Filzplättchen wieder in den Deckel, dieses Mal mit der anderen Seite nach oben. Je fester das Plättchen wird, desto stärker schieben Sie es im Deckel herum. Auf diese Weise werden die Kanten schön rund. Sie können das Stück gerne immer wieder einmal in der Hand weiterbearbeiten, aber arbeiten Sie immer wieder im Deckel, bis es sehr fest ist.

7 Fertigstellen

Zuletzt wird das Plättchen ausgewaschen und getrocknet. Für das Armband werden mehrere Scheiben mit einem elastischen Gummiband im Zickzack zusammengenäht und die Bandenden verknotet.

In die Plättchen können Sie Münzen, Glasnuggets oder Kronkorken einfilzen und diese wieder freilegen (siehe Seite 117). Die Plättchen machen sich bestens als Brosche, Kette oder hübsches Armband.

Filzen mit Formen · 109

110 · Oberflächen gestalten

Oberflächlich: nicht gründlich genug, grob, ungenau, nur auf Äußerlichkeiten bedacht. – Wer die Oberfläche ernst nimmt, geht in die Tiefe.

Oberflächen gestalten

Anfänger freuen sich über schnelle Erfolgserlebnisse. Was aber wollen Sie mit drei Dutzend verschiedenfarbigen Stulpen? Wenn Sie die technischen Probleme des Filzens gemeistert haben, dann konzentrieren Sie sich auf die Gestaltung. Zeit und Liebe zum Detail machen aus einem Stück ein kleines Meisterwerk. Das ist den Zeitaufwand wert.

Gestalterische Grundlagen

Bevor ich Ihnen gleich zeige, wie Filzoberflächen gestaltet werden können, möchte ich Ihnen einige sehr hilfreiche Gestaltungsprinzipien vorstellen. Wenn man Farben gezielt zusammenstellt, kann man ihre Leuchtkraft steigern und schöne Harmonien erzeugen. Selten kommt ein Kontrast alleine zur Anwendung. Eine gelungene Gestaltung ist häufig auf viele Elemente zurückzuführen. Wenn Sie Ihre bisherigen Oberflächen fade finden, dann beschäftigen Sie sich insbesondere mit dem Hell-Dunkel- und dem Kalt-Warm-Kontrast. Beim Filzen können Sie noch einen Kontrast nutzen, der in keiner Farbenlehre steht: den Materialkontrast.

Komplementärkontrast

Zwei im Farbkreis genau gegenüberliegende Farbtöne sind Komplementärfarben, z. B. Blau und Orange, Grün und Rot oder Gelb und Violett. Sie ergänzen sich und beinhalten in der Summe alle Grundfarben.

Kalt-Warm-Kontrast

Wenn Sie die Spannung erhöhen möchten, dann wählen Sie warme und kühlere Töne für Ihre Arbeit und lassen Sie diese miteinander wirken. Warme Töne werden in ihrer Wirkung gesteigert, wenn kühle Farbtöne kontrastieren. Warme und kalte Schattierungen gibt es auch innerhalb einer Farbe, z. B. kaltes Zitronengelb und warmes Sonnengelb.

Hell-Dunkel-Kontrast

Helle und dunkle Farben gemeinsam verwendet können sehr dynamisch wirken. Sollte das Ergebnis einmal zu unruhig ausgefallen sein, so schauen Sie mit zusammengekniffenen Augen auf Ihre Arbeit. Dies schränkt Ihre Farbwahrnehmung ein und Sie können den Helligkeitsgrad der Farben besser einschätzen. Vielleicht reicht es schon, die Helligkeitswerte der Farben anzugleichen. Sie können aber auch zu einem anderen Farbton greifen oder auch eine andere Farbe unter die Wolle mischen (Kardieren, siehe Seite 113). Bedenken Sie bitte auch, dass verschiedenfarbige Wolllagen sich beim Filzen mischen. Dies mindert den Kontrast in der Regel. Der Effekt kann aber gezielt zu Gestaltungszwecken eingesetzt werden.

Farbe-an-sich-Kontrast

Reine, leuchtende Farben werden direkt nebeneinandergesetzt und funkeln um die Wette. Wenn Sie kräftige Farben mögen, aber bislang unzufrieden mit Ihren Ergebnissen waren, legen Sie die Farben auf einem gröberen Untergrund in Grau oder Braun aus: Beim Filzen verbindet sich der Untergrund mit den leuchtenden Farben und erzeugt eine harmonische Grundstimmung. Dies geht auch mit Weiß, das Ergebnis sieht dann aber ein wenig verwaschen aus. Grobe weiße Untergründe unter feiner blauer Wolle ergeben einen schönen jeansfarbenen Effekt. Bei einem dunklen Untergrund wirken die Töne insgesamt satter.

112 · Oberflächen gestalten

Qualitätskontrast

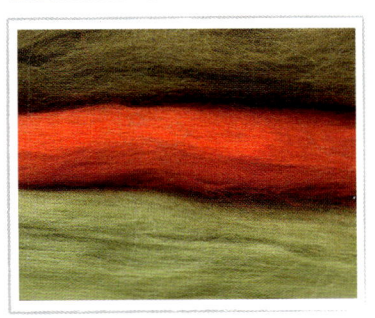

Damit eine leuchtende Farbe, wie Rot, intensiv wirkt, kontrastiert man sie am besten mit gebrochenen Tönen, wie Olivgrün. Farben können Sie durch Kardieren in der Hand mischen. Sobald Sie Weiß, Schwarz oder die entsprechende Komplementärfarbe beimischen, erhalten Sie ein deutlich stumpferes Farbergebnis. Meist wird zugleich noch über die Mengenverteilung (Quantitätskontrast) Einfluss auf die Gestaltung genommen.

Quantitätskontrast

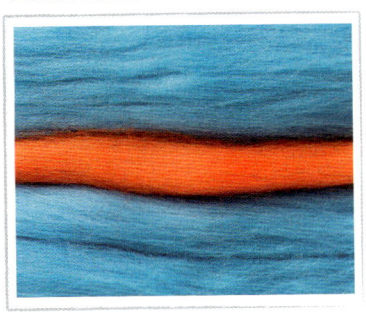

Weniger ist oft mehr. Wenn Sie ausschließlich mit Naturtönen arbeiten, dann bekommen Sie immer ein harmonisches und sehr edel wirkendes Ergebnis. Aber soweit müssen Sie nicht gehen. Verwenden Sie leuchtende Farben in kleineren Mengen und schon wirkt es überzeugend. Qualitäts- und Quantitätskontrast gehen häufig Hand in Hand. Der Qualitätskontrast bezieht sich auf die Reinheit, der Quantitätskontrast auf die Menge der Farbe.

Simultankontrast

Hätten Sie gedacht, dass Farben ein Eigenleben führen können? Probieren Sie es aus: Stellen Sie Grau und Gelb zusammen und sie werden sehen, dass die grauen Anteile violett erscheinen. Das Auge tendiert dazu, neutrale Farben als Komplementärfarben der Umgebung zu deuten. Bedenken Sie also bitte, dass eine Farbe je nach Nachbarfarben völlig anders wirken kann. Achten Sie auf eine gute Nachbarschaft.

Gut zu wissen

Wolle in der Hand kardieren

Greifen Sie zwei Stückchen Kammzug in verschiedenen Farben. Vielleicht nehmen Sie einmal Ihre Lieblingsfarbe zusammen mit der Farbe, die Sie am wenigsten mögen. Zupfen Sie die Wolle nun so lange zwischen den Fingern, bis sich die Farben vermischen. Es entsteht ein gebrochener Ton, der sehr reizvoll aussehen kann. Für große Flächen benötigen Sie mehr Wolle; dann lohnt es, sich Handkarden zuzulegen. Wer zwei Hundebürsten hat, der kann auch damit die Wolle gegeneinander bürsten, bis sie sich vermischt hat.

Oberflächen gestalten · 113

Zweidimensionale Oberflächengestaltung

Mit Farbe gestalten

Die einfachste Methode, eine Oberfläche zu gestalten, ist, mit Farben zu arbeiten. Sie können kardierte Wolle verwenden (siehe Seite 113). Mit Kammzügen können Sie schöne Linienmuster auslegen, mit bunten Vliesen Oberflächen marmorieren. Ein schöner Effekt lässt auch erzielen, wenn Sie dünne Vliese spinnenwebartig in verschiedenen Farben übereinanderlegen. Das kostet etwas Zeit, sieht aber toll aus. Wenn man größere Teile filzen möchte, dann ist es ausreichend, wenn man die letzten Schichten hauchdünn in dieser Technik auslegt.

Farbe wirkt unabhängig vom Inhalt.

Muster auflegen in der Wendetechnik

Muster legen Sie, als würden Sie ein Hinterglasbild malen. Beginnen Sie mit Rändern aus Kammzug und legen Sie anschließend Flächen aus Vlies auf. Dabei darf der Kammzug vom Vlies überdeckt werden. Gestalten Sie so das Motiv. Erst zuletzt legen Sie eine dickere Schicht Wolle als Trägermaterial (Hintergrund) über das Muster. Haben Sie eine Fläche gefilzt, müssen Sie zuletzt nur die Arbeit umdrehen. Dies funktioniert auch bei Hohlkörpern. Das Umstülpen der Arbeit erfordert ein wenig Geschick.

Andere Materialien einfilzen

Viele Strickgarne lassen sich problemlos einfilzen, Angora, Mohair oder unbehandelte Schurwolle funktionieren besonders gut, Baumwolle gar nicht. Der Synthetikanteil sollte maximal 30 Prozent ausmachen. Die Wolllinien krümmen sich in der Regel beim Schrumpfen der Arbeit. Das kann sehr reizvoll aussehen.

Auf den Probelappen sehen Sie der Reihe nach Folgendes:

1 ein- und angefilzte Wolllocken
2 Seidenhankie und Papier
3 angefilztes echtes Blatt, im Bastelbedarf oder Gartenmarkt als Skelettblatt erhältlich
4 diverse aufgefilzte Wollfäden
5 weiße Seidenfasern
6 aufgefilzte Spitze, Baumwollgaze und Leinenstoffe
7 eingefilzte Vorfilzzuschnitte
8 grüne Leinenfasern
9 eingeschlossenes Synthetikblütenblatt unter Pongeeseide
10 mit der Nadel aufgefilztes Weiß (oben) im Vergleich zu direkt eingefilztem Weiß
11 Ramie, ein glänzendes Naturprodukt zur Oberflächengestaltung – eine preiswerte und tierfreundliche Alternative zu Seide
12 Chiffon, Pongee, Mohairfaden

Nadelvlies

Nadelvlies und Vorfilz kann man mit der Schere in exakte Formen schneiden. Dies ermöglicht eine Mustergestaltung, die mit Kammzug oder bloßem Vlies nicht möglich wäre. Industriell hergestelltes Nadelvlies ist gleichmäßig stark und lässt sich auch zu einem recht späten Zeitpunkt noch anfilzen. Vorteilhaft ist dies, wenn Sie Hell auf Dunkel filzen möchten. Sie können die Oberfläche gut verdichten und erst dann Nadelvlies anfilzen, der dann viel kontrastreicher bleibt, als wenn man ihn gleich zu Beginn auf die Arbeit aufgelegt hätte.

Vorfilz herstellen

Vorfilz können Sie selbst herstellen. Ich filze die ausgelegte Wolle gerade soweit, dass die Fläche zusammenhält, wenn ich sie schneide. Je länger man sie bearbeitet, desto schwieriger filzt sie auf einer anderen Filzfläche an, insbesondere in der Reibetechnik, bei der sich die Oberfläche zuerst schließt. Die Ränder fransen allerdings weniger aus, je fester der Vorfilz ist.

Tipp: Wenn der Vorfilz nicht hält, probieren Sie dies:

Den Vorfilz anheften, damit er sich beim Filzen nicht bewegt. Wenn Sie einen farblich passenden Faden wählen, dann müssen Sie diesen später nicht entfernen. Manchmal reichen auch Stecknadeln.

Die Filzteile trocknen lassen und aufnadeln. Benutzen Sie feine Nadeln, die nicht zu tief in die Oberfläche greifen.

Rauen Sie die Filzoberfläche mit einer Drahtbürste leicht auf. So können die Fasern sich besser miteinander verbinden.

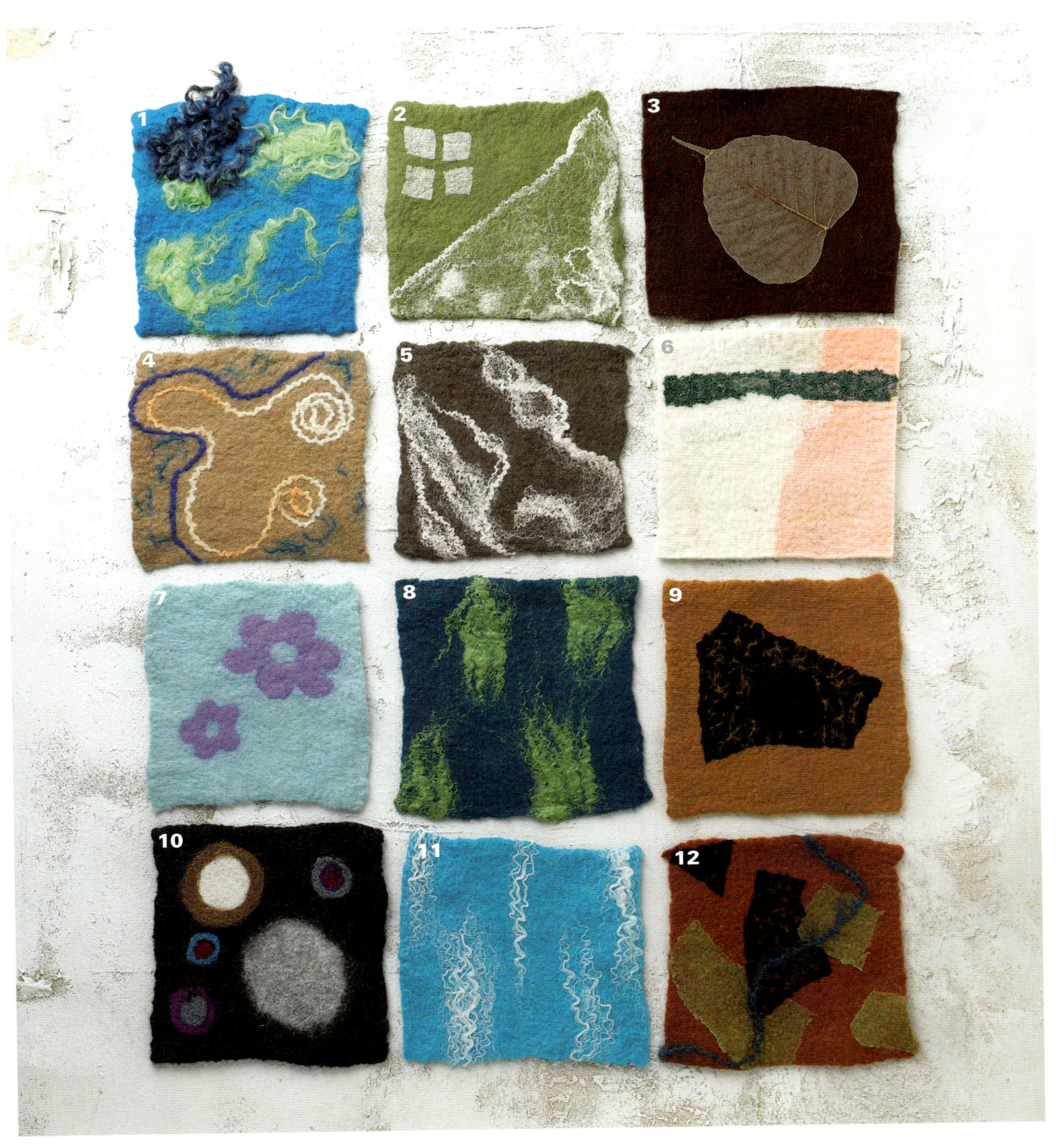

Oberflächen gestalten · 115

Dreidimensionale Oberflächengestaltung

Camouflage-Technik
Haben Sie im Kindergarten einst Bilder aus Wachskreide mit Plakafarbe übermalt und dann Zeichnungen hineingeritzt? So ähnlich funktioniert die Camouflagetechnik. Sie haben einen farbigen Untergrund und eine andersfarbige Schicht darüber. Dazwischen liegt etwas, zum Beispiel eine Münze, eine Folie oder beschichteter Pappkarton. Vor dem Walken schneiden Sie den Filz an dieser Stelle auf und legen die Stelle frei. Sie finden diese umso leichter wieder, je dicker das Trennmaterial ist.

Sie können auch stattdessen Filzschnüre oder Kugeln einlegen und diese später anschneiden. Polstern Sie Filzkugeln rund um die untere Hälfte ab, dann ist es leichter, Wolle über die Kugel zu legen und sie anzufilzen. Beginnen Sie mit dem Anfilzen oben und arbeiten Sie sich mit Fingerspitzengefühl an den Kugelseiten hinab.

Schmucksteine und Murmeln einfilzen
Ein Schmuckstein, der eingefilzt wird soll, ist wie eine Wollkugel, die nicht schrumpft. Wenn er flach und klein ist, dann filzen Sie ihn einfach mit ein und öffnen Sie an dieser Stelle später nur ein kleines Loch. Dieses weiten Sie durch gezieltes Reiben. Bei größeren Schmucksteinen gehe ich wie unten beschrieben vor.

1

116 · Oberflächen gestalten

1   Stein auflegen und vergrößert einfilzen
Um einen größeren Schmuckstein einzufilzen, vergrößere ich ihn, indem ich zwei gleich große Stücke Noppenfolie darüber lege und mit einfilze (siehe auch Anleitung links).

2   Folie entfernen
Wenn Sie die Folien später über ein kleines Loch herausziehen, kann der Filz weiter schrumpfen.

3   Filzen und walken
Bearbeiten Sie den Filz weiter. Je fester sich die Oberfläche anfühlt, desto stärker können Sie reiben.

4   Ausschnitt zuschneiden und nacharbeiten
Zuletzt schneide ich die Öffnung mit der Nagelschere etwas größer und bearbeite die Kanten nach.

Oberflächen gestalten · 117

Shibori-Abbindetechnik

Motivgröße:

ca. 198 cm x 28 cm

Sie brauchen:

- handkardierte Filzwolle im Vlies (siehe Seite 113), ca. 200 g
- 20-Cent-Münzen
- kleine Gummibänder

Hilfsmittel:

- Filzunterlage
- evtl. Noppenfolie, 1,20 m breit, 4 m lang (für die Schriftrollenmethode)
- Ballbrause
- Seife
- Wasser
- Bandmaß
- Netz
- Schere

Schrumpffaktor:

ca. 1,6

Shibori kommt aus dem Japanischen und ist Ihnen vielleicht vom Batiken vertraut. Man bindet Stellen ab, zumeist um sie zu färben. Beim Filzen können Sie das gezielt tun, um die Oberfläche dreidimensional zu gestalten.

1 Fläche filzen
Stellen Sie wie ab Seite 27 beschrieben eine einfache große Fläche her. Legen Sie dazu ca. 3 m x 1 m Filzwolle aus und arbeiten Sie, falls nötig, in der Schriftrollenmethode (siehe Seite 34).

2 Münzen verteilen
Verteilen Sie auf der bereits sehr gut angeriebenen Fläche (Zupfprobe) nun in gleichmäßigem Raster die Münzen.

3 Münzen fixieren
Legen Sie eine Münze nach der anderen unter die Stelle, auf der sie lag, und binden Sie sie mit einem Gummiband ab. Die linearen Strukturen, die dabei von selbst entstehen, können mit der Filznadel noch verstärkt werden. Dazu muss die Wolle trocken sein.

4 Walken
Ist der Schal komplett abgebunden beginnen Sie, ihn in gewohnter Weise zu walken. Die Münzen verhindern dabei, dass die Wolle sich an diesen Stellen weiter verdichtet.

5 Fertigstellen
Spülen Sie die fertige Arbeit aus und lassen Sie sie trocknen. Lösen Sie dann die Gummiringe, falls notwendig zerschneiden Sie sie mit einer Nagelschere, und drücken Sie jede Münzen durch das sehr kleinen Loch heraus.

Oberflächen gestalten · 119

Jugendstilarmbänder
bezaubernde Schmuckstücke

Motivgröße:
hier 4 cm und 7 cm breit

Sie brauchen:
- feinste Merinowolle im Vlies, ca. 40 g
- Glasnuggets in verschiedenen Größen
- ggf. Noppenfolienreste
- möglichst kleiner Magnetverschluss

Schrumpffaktor:
1,4

1 Berechnen Sie die Länge und Breite des Armbandes für Ihr Handgelenk und multiplizieren Sie beides mit dem Schrumpffaktor.

2 Filzen Sie zunächst das Band und arbeiten Sie dann die Glasnuggets wie auf Seite 117 und den Magnetverschluss wie auf Seite 60 beschrieben ein. Die kleinen Steine müssen Sie nicht unbedingt mit Folienresten vergrößern, für den großen Nugget hingegen empfehle ich dies unbedingt.

3 Die fertig gewalkte Arbeit schneiden Sie an den Kanten in Wellenform. Bearbeiten Sie die Kanten mit den Fingern nach. Zuletzt spülen Sie das Armband gründlich aus. Am besten wäre es, wenn das Armband direkt am Handgelenk trocknen kann.

Kissen mit Sternenblüten
aparte Knöpfe

Motivgröße:

hier ca. 35 cm x 35 cm
und 52 cm x 22 cm

Sie brauchen pro Kissen:

- feine Merinowolle im Kammzug oder Vlies, ca. 150–200 g
- etwas Merinowolle im Kammzug für die Sternenblüten, 2–3 x 20 cm lang pro Blüte
- Schablone aus Noppenfolie oder alte Gymnastikmatte, 46 cm x 46 cm bzw. 67 cm x 29 cm

Schrumpffaktor:

mindestens 1,3; Sternenblüten so fest wie möglich

1 Für einen solchen Zierstern, wie ich ihn auf einem Seminar von Jorie Johnson kennengelernt habe, nehmen Sie zwei bis drei Kammzüge von etwa 15–20 cm Länge. Wenn Sie mehrere gleiche Sterne herstellen wollen, schneiden Sie mit der Schere gleich lange Stücke zu. Halten Sie die spätere Verbindungsstelle nach oben, damit sie trocken bleibt, und filzen Sie direkt darunter eine fingerbreite Stelle so lange, bis sie hart ist. Dazu bearbeiten Sie die Stelle vorsichtig mit seifigen Fingern. Anschließend teilen Sie die drei Kammzüge in fünf gleiche Partien, die Sie jeweils nur vorsichtig anfilzen. Die fünf Spitzen des Sterns hingegen müssen ausgiebig gefilzt werden.

Oberflächen gestalten · 121

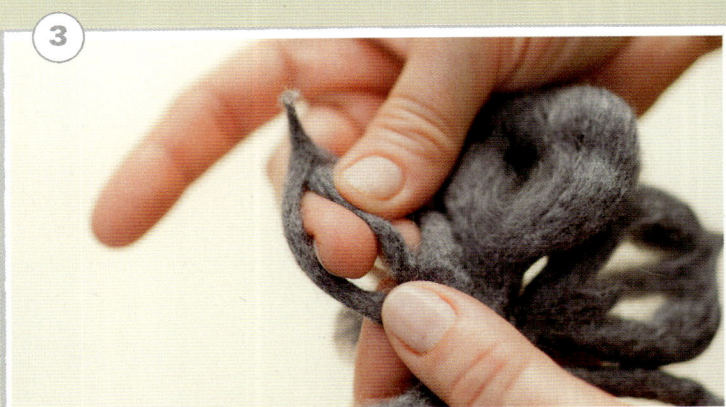

2 Die fünf Zipfel werden nun vorsichtig zwischen Spitze und Zentrum des Sterns geöffnet.

3 Anschließend filzen Sie die Teile erneut mit viel Fingerspitzengefühl zu Ende. Der Stern ist eine Herausforderung für Fortgeschrittene. Das Prinzip ist leicht zu verstehen, aber je mehr Sie filzen, desto mehr Fingerspitzengefühl entwickeln Sie.
Die Sternenblüten werden erst an das Kissen gefilzt, wenn sie schon ziemlich fest sind. Sie können später problemlos mit dem Kissen gewalkt werden, sollte aber zwischendurch immer wieder einmal in Form gebracht werden. Wichtig: Lassen Sie ausreichende Abstände, damit die Blüten nach dem Walken nicht zu eng sitzen. Die Blüten sind jetzt schon geschrumpft, das Kissen noch nicht.

4 Die Umschlagkissen sind einfache Hohlkörper, die wie die Gürteltasche auf Seite 60 angefertigt werden. Geben Sie etwa die Hälfte bis die ganze Höhe des Kissens für den Überschlag hinzu.

5 Schneiden Sie die Knopflöcher erst ganz zuletzt ein. Versuchen Sie, diese möglichst klein zu halten. Vergrößern können Sie sie immer noch.

6 Füllen Sie das Kissen mit einem Innenkissen oder mit Stopfwolle. Den Umschlag klappen Sie nach vorne und schließen das Kissen mithilfe der Sternenknöpfe.

Diese eleganten Kissen wurden von Helga Cordes, Düsseldorf, angefertigt.

Nunofilz-Stulpen
stilvolles Accessoire

Motivgröße:

ca. 11 cm x 20 cm
(inkl. Umschlag)

Sie brauchen:

- Alpaka-Merino-Mischung, ca. 50 g
- Spitzenstoff
- Noppenfolie für die Schablonen

Schrumpffaktor:

1,4–2

1 Bitte beachten Sie die Anleitung zum Anfertigen von Stulpen ab Seite 53. Für die hier gezeigten Nunofilz-Stulpen verwenden Sie zwei Einzelschablonen, damit die Ränder natürlich aussehen. Auf diese Weise schließen sich die Enden nicht und müssen auch nicht aufgeschnitten werden. Ein natürlich wirkender Abschluss entsteht. Berechnen Sie die Schablonengröße anhand des verwendeten Schrumpffaktors. Die Endgröße ist 11 cm x 20 cm (inkl. Zuschlag). Geben Sie ausreichend Zuschlag in der Länge hinzu.

2 Arbeiten Sie am besten in der Wendetechnik: Belegen Sie die Schablone zuerst mit Spitzenstoff und verpacken Sie sie dann in Wolle.

Oberflächen gestalten · 123

Kleine Objekte
in Camouflage-Technik

Motivgröße:
ca. ø 10–14 cm

Sie brauchen pro Vase:

- Merino- oder Bergschafwolle im Vlies in zwei Farben, ca. 80 g (weißes Objekt) und 50 g (blaues Objekt)

- kardierte Merino- oder Bergschafwolle im Vlies, ca. 70 g, sowie einige andersfarbige Kammzüge für die einzufilzenden Schnüre, jeweils ca. 20 cm lang (braunes Objekt)

- kreisrunde Noppenfolieschablone, ø 12 cm bzw. 20 cm

- Noppenfolienstreifen (weißes Objekt)

Schrumpffaktor:
so lange filzen, bis sie sehr fest sind

1 Die kleinen Objekte werden prinzipiell wie die Sternenschalen angefertigt (siehe Seite 66). Kleine Dinge wie diese Schalen bieten, ähnlich wie die Origamiverpackungen auf Seite 33 für das zweidimensionale Gestalten, eine wunderbare Gelegenheit, Oberflächengestaltungen auszuprobieren und dennoch mehr als einen Probelappen zu erhalten. Lassen Sie Ihrer Kreativität freien Lauf – filzen Sie Zipfel oder Wolllocken an, probieren Sie Neues aus!

2 Braunes und blaues Objekt: Vor Beginn der Arbeit filzen Sie aus ganzen Kammzügen kurze Schnüre, die später um die Arbeit herumgelegt werden.
Ist die Schablone fast mit der ganzen Wolle belegt, legen Sie die Schnüre sternförmig auf und decken sie mit Wolle ab. Filzen Sie die Wolle um die Schnüre herum vorsichtig, aber gründlich an. Wenden Sie die Arbeit und filzen Sie die zweite Hälfte der Schnüre in gleicher Weise an.
Vor dem Walken schneiden Sie ein centgroßes Loch und entnehmen die Schablonenfolie. Falls Sie mit den Fingern nicht ausreichend in die Form gelangen, können Sie die Schale mit Kirschkernen füllen und so in Form walken. Je mehr sie schrumpft, desto mehr Kerne entfernen Sie.
Beenden Sie die Arbeit wie gewohnt. Nach dem Walken und Ausspülen legen Sie die eingefilzten Schnüre mit einem scharfen Cutter oder einer Rasierklinge frei (nur braunes Objekt).

3 Weißes Objekt: Legen Sie zunächst 15 g farbiges Merinovlies um die beiden Seiten der Schablone herum. Legen Sie dann kleine Folienstreifen um die Schablone und filzen Sie sie mit weißer Vlieswolle (Merino oder Bergschaf) ein. Walken Sie dann wie oben beschrieben. Schneiden Sie zuletzt mit dem Skalpell den Filz vorsichtig über den Noppenfolienstreifen auf, biegen Sie die Öffnung auf und arbeiten Sie die Schnittkanten nach.

4 Wie immer muss die Arbeit nach dem Ausspülen erneut in Form gebracht werden. Lassen Sie sie auf einem Handtuch trocknen.

Vorderseite mit aufgelegten Schnüren

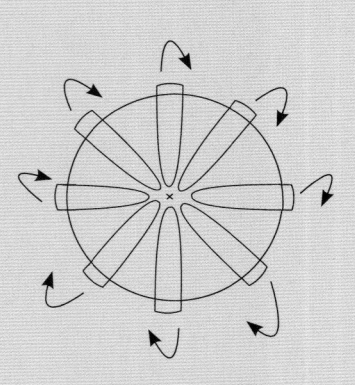

Rückseite mit umgeklappten Schnüren

Oberflächen gestalten · 125

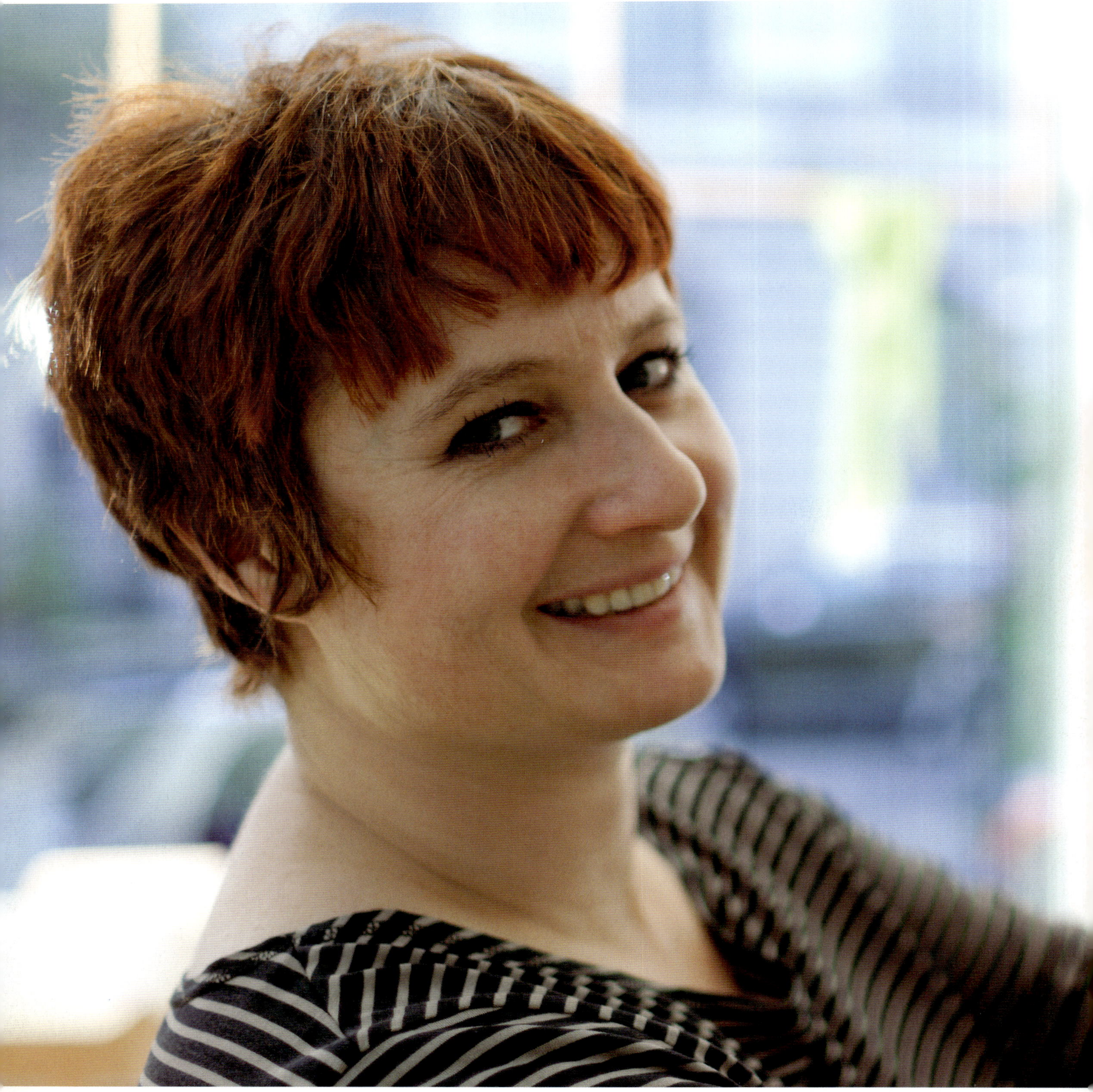

Werden Sie selbst kreativ. Kombinieren Sie, variieren Sie. Schaffen Sie aus dem Erlernten etwas Eigenes.

Noch mehr Filzideen

Auf den folgenden Seiten finden Sie weitere Anregungen für individuelle Filzarbeiten. Bei diesen Objekten werden für noch mehr Gestaltungsmöglichkeiten auch Techniken kombiniert.

Grundsätzlich sollten Sie meine Mengen- und Größenangaben als Richtwerte verstehen und die Objekte an Ihre Gegebenheiten anpassen. Der Schrumpffaktor wird oft als Spanne oder mit „mindestens" angegeben. Im Zweifelsfalle filzen Sie bitte immer ein wenig länger als zu kurz.

Große Einkaufstaschen
schlichte Form – raffinierte Gestaltung

Motivgröße:

ca. 44 cm x 45 cm

Sie brauchen pro Tasche:

- Bergschafwolle im Vlies (für die obere Schicht evtl. Merinowolle), ca. 500 g
- ½ Kammzug Merinowolle, pro Zipfel ca. 15 cm lang (nur Tasche hinten)
- verschiedene Vorfilz- oder Nadelvliesplatten
- 2 Lederhenkel, ca. 2 m lang, 2 cm breit
- Schablone aus Noppenfolie oder alter Gymnastikmatte (Zuschnitt siehe Vorlage)
- stabile Teppichfliese aus dem Baumarkt, 50 cm x 50 cm (Taschenbodenverstärkung)
- Pinsel und flüssiges Latex (für den Boden)
- Ahle zum Vorstechen der Löcher für die Nieten
- 8 Nieten, Hammer, Unterlage

Schrumpffaktor:

mindestens 1,4

Vorlage:

Seite 140

Wählen Sie die Farben, die Sie lieben. Sie können die ganze Tasche in einer Bergschaffarbe filzen und lediglich für die Oberfläche eine andere Farbe (z. B. Weiß) auflegen, die dann auch aus Merino sein darf. Diese Schicht bitte nicht zu dünn auslegen, damit die Farbe sich nicht zu stark mit dem Untergrund vermengt.

1 Die große Tasche mit Lederhenkeln ist sehr einfach und wird wie die schwarze Tasche auf Seite 58 gefilzt. Die Herausforderung besteht auch hier darin, die Tasche lange genug zu filzen, bis sie wirklich stabil ist und eine schöne Form hat. Ein Walkholz schont dabei Ihre Hände und lässt sich auch gezielt einsetzen, um schön geformte Kanten zu erhalten, z. B. am Taschenboden.

2 Die Oberflächengestaltung wird ganz zuletzt vorgenommen. Für die hintere Tasche öffnen Sie die trockenen Enden der Zipfel und filzen Sie sie an (siehe Seite 105). Den schwarzen Querstreifen stellen Sie am besten aus Vlies oder aus Vorfilz her, aber nicht aus Kammzug. Die kleine Kreise habe ich zuletzt mit der Nadel aufgefilzt, weil ich Unebenheiten überspielen wollte.
Für die vordere Tasche schneiden Sie Vorfilzkreise und viele ca. 1 cm breite Vorfilzstreifen zu. Die Streifen können Sie dann um die Kreise herumlegen.

3 Als Boden kann z. B. eine stabile Teppichfliese aus dem Baumarkt zugeschnitten werden. Diese verstärkt nicht nur den Taschenboden, sie ist auch abwaschbar, wenn man sie mit der gummierten Unterseite nach oben in die Tasche legt. Die Unterseite des Taschenbodens können Sie mit einer Schicht Latex unempfindlich gegen nasse Abstellflächen machen.

4 Ledergurte gibt es auch zum Annähen. Ein Sattler kann Ihnen in jedem Fall weiterhelfen. Oft reicht schon ein hilfsbereiter Schuster, der die Ledergurte mit Nieten an der Tasche befestigt. Ein Ledergurt reicht aus: Schneiden Sie ihn in zwei Hälften und Sie erhalten zwei ausreichend lange Stücke für eine Tasche.

Noch mehr Filzideen · 129

Schönes für den Tisch
Eierwärmer und Tischläufer

Motivgröße:
Eierwärmer ca. 25 cm hoch
Tischläufer ca. 150 cm x 44 cm

Sie brauchen
pro Eierwärmer:
- Bergschafwolle im Vlies, ca. 15–20 g
- ½ Kammzug Merinowolle, ca. 20 cm lang (für den Zipfel)
- Schablone aus Noppenfolie, Zuschnitt gemäß Vorlage

für den Tischläufer:
- Bergschafwolle im Vlies, ca. 250 g
- Netzgewebe (Dekostoff), hier ca. 190 cm x 50 cm

Schrumpffaktor:
1,3 für den Tischläufer, der Eierwärmer darf auch fester gefilzt werden

Vorlage:
Seite 141

Eierwärmer

1 Der Eierwärmer ist ein einfacher Hohlkörper wie die Stulpen (siehe ab Seite 52). Am einfachsten legen Sie zunächst den angefilzten Zipfel aus Kammzug an das obere Schablonenende. Dafür muss er ein trockenes Ende haben wie die Taschengriffe auf Seite 89. Legen Sie nun das Vlies darüber und gehen Sie vor wie gewohnt.

2 Am unteren Schablonenrand brauchen Sie die Wolle nicht umzuklappen, da der Eierwärmer dort offen bleibt. Sie vermeiden so ungleiche Stellen durch Umklappen an den Ecken. An der Spitze klappen Sie überstehende Wolle immer wieder rund um die Schablone um. Bemühen Sie sich stets, dass die Fläche insgesamt gleichmäßig belegt wird und achten Sie darauf, dass nicht am Ende wegen häufigen Umklappens eine sehr starke Spitze und ein schwacher Fuß mit deutlich weniger Wolle entstehen. Der Eierwärmer benötigt einen soliden Stand.

3 Wenn man den Eierwärmer zuletzt über einem Styroporkegel glatt streicht, bekommt man eine gleichmäßige Form. Begradigen Sie das untere Enden mit der Schere und filzen Sie die Schnittkanten, falls nötig, nach.

Tischläufer

1 Legen Sie den Tischläufer in der von Ihnen gewünschten Größe und Stärke aus. Für meinen Läufer habe ich eine Fläche von ca. 200 cm x 60 cm ausgelegt.

2 Danach legen Sie erst das Gewebe darauf. Filzen Sie zunächst wie gewohnt in der Reibetechnik, bevor Sie die Filzarbeit rollen, bis sie die gewünschte Größe hat. Wie in der Grundanleitung auf Seite 44/45 beschrieben kann es sein, dass Sie mit Filzen der Arbeit aufhören, wenn das Metallgewebe nicht mehr problemlos weiterschrumpfen kann.

Noch mehr Filzideen · 131

Mehrschichtketten
Schönes aus zarten Vorfilzen oder Resten

Motivgröße:
nach Belieben

Sie brauchen:
- Merinowolle im Vlies oder Nadelvlies
- Schmuckgummi oder Schmuckdraht
- Holzperlen
- Magnetverschluss, Quetschperlen

Schrumpffaktor:
1,6–2

Je fester der Filz, desto schöner werden die Schnittkanten. Sie dürfen nicht nachbearbeitet werden, damit die einzelnen Schichten gut zu sehen sind.

1 Reste, wie sie bei der Schuhsohle (Seite 26) anfallen, sind bestens für Schmuck geeignet, allerdings sollte nichts, was am Körper getragen wird, kratzen. Natürlich können Sie auch einen Mehrschichtmerinofilz aus Vlies oder Vorfilzen herstellen.

2 Je kleiner die Stücke sein sollen, die Sie zuschneiden möchten, desto wichtiger ist es, dass Sie fest gearbeitet sind. Vlies ergibt die schöneren Schnittkanten. Schöne gleichmäßige Schichten erhalten Sie auch, wenn Sie Vorfilze übereinanderlegen und filzen. Wenn Sie diese nach dem ersten Anfilzen der Fläche zerschneiden und mehrfach übereinandergelegt weiterfilzen, können Sie aus wenig Material sehr dicke Schmuckplatten herstellen.

3 Entweder Sie fädeln die einzelnen Elemente hintereinander auf Schmuckgummi auf und verknoten dieses oder Sie benutzen Perlendraht, der nicht nachgibt und daher je nach Kettenlänge einen Verschluss benötigt. Die einzelnen Elemente werden mithilfe von Quetschperlen in Position gehalten.

Üppiger Halsschmuck
peppt ein schlichtes Outfit auf

Motivgröße:

nach Belieben

Sie brauchen:

- Merinowolle, pro Kugel/Hagebutte ca. 0,5 g
- Hutgummi für die Kleinteile
- Latexkette als Basis

Schrumpffaktor:

so fest filzen, wie es geht

Wenn Sie keine Profiwaage haben, wiegen Sie die Wolle ab, errechnen, wie viele 0,5 g schwere Kugeln sich mit der Gesamtwolle herstellen lassen, und teilen die Wolle in entsprechend viele Päckchen. So müssten die Kugeln gleich groß ausfallen. Eventuelle Unterschiede können Sie dann beim Walken ausgleichen. Filzen Sie, so fest es geht, und nehmen Sie mehr Wolle, falls Ihnen die Kugeln zu klein vorkommen.

1 Die Fläche können aus Resten gefilzter Merinoflächen zugeschnitten werden (siehe Seite 26). Anschließend werden die rechteckigen Stücke mit Hutgummi verknotet und um eine Basiskette geknotet.

2 Die Kugeln werden wie bei den Haarbändern angeknotet und gefilzt (siehe Seite 99), sind allerdings viel kleiner und fester.

3 Wenn man Hagebutten herstellen möchte, muss man die an das Gummiband bereits angefilzten Kugeln wie eine Schnur rollen, dann verändern sie ihre Form entsprechend.

Achten Sie darauf, dass Sie die Knoten jeweils auf der richtigen Seite machen. Wenn Sie später die Einzelteile um die Basiskette knoten, dann wechseln die Stücke die Richtung.

Noch mehr Filzideen · 133

Filzschale mit Durchblick

Löcher als Gestaltungsmittel

Motivgröße:
ca. ø 20 cm

Sie brauchen:
- Bergschafwolle im Vlies und evtl. Merinowolle im Vlies (für die Außenschicht), ca. 150 g
- Schale, ø 20 cm, ca. 13 cm hoch

Schrumpffaktor:
1,4 oder mehr; Sie erhalten auch Stabilität über die Materialdicke, legen Sie nicht zu dünn aus

1 Für diese Schale habe ich die Vlieswolle direkt über die Schale gelegt und angefilzt. Später habe ich die inzwischen feste Filzform in die Schale gelegt und so weitergefilzt. Je mehr sie schrumpft, desto sinnvoller wird es, mit einer vergleichbaren, aber etwas kleineren Schale fortzufahren, damit die Form erhalten bleibt.

2 Die Löcher werden mit einer Nagelschere in die fertige Arbeit eingeschnitten und die Kanten mit Seife und Wasser zwischen Daumen, Zeige- und Mittelfinger weiterbearbeitet. Gehen Sie beim Ausspülen vorsichtig vor, damit die Form erhalten bleibt.

Münzmäuse

Geldsparen mal anders

Motivlänge:

ca. 15–18 cm (ohne Schwanz)

Sie brauchen:

- Merinowolle im Vlies, ca. 25–30 g (für Körper und Ohren)
- 1/4–1/3 Kammzug Merinowolle, ca. 20 cm (für Schwanz)
- Schablone aus Noppenfolie, Zuschnitt siehe Vorlage

Schrumpffaktor:

mindestens 1,3

Vorlage:

Seite 141

1 Bereiten Sie zuerst die Einzelteile vor: Für den Schwanz benötigen Sie ein ca. 20 cm langes Stück Kammzug, das Sie zur Schnur mit trockenem Ende rollen (siehe Seite 87). Danach legen Sie für die Ohren ein kleines Rechteck in Schablonenbreite aus, das ebenfalls an einem Ende trocken bleiben muss.

2 Den Schwanz legen Sie wie beim Eierwärmer auf Seite 130 beschrieben zuerst auf die Schablone. Dann legen Sie die Wolle auf beiden Seiten um die Schablone, wie Sie es bei der Sternenschale ab Seite 66 gelernt haben. Die Ohren filzen Sie ganz zuletzt an. Bewahren Sie einige Flocken auf, um eventuell noch einmal etwas über die Ansatzstelle der Ohren zu legen. Auf diese Weise können Sie auch den Ansatz von andersfarbigen Ohren kaschieren. Beim Rechteck wird das trockene Ende zum Anfilzen der Länge nach aufgefächert. Arbeiten Sie den Hohlkörper wie gewohnt zu Ende.

3 Für die Ohren schneiden Sie das angefilzte Rechteck in der Mitte ein. Aus den nun entstandenen Quadraten formen Sie mit der Schere zwei Kreisen. Arbeiten Sie die Ränder nach, damit sie schön rund werden; dann waschen Sie die Münzmaus gut aus.

4 Mit dem Skalpell oder einer Nagelschere können Sie nun vorsichtig einen Schlitz in die Arbeit schneiden und die Folie entfernen. Wenn die Münzmaus gut gearbeitet worden ist, müssen Sie diesen Schlitz nicht unbedingt nacharbeiten. Sie riskieren sonst, dass die Öffnung durch die Nachbearbeitung größer wird, als gewünscht.

Je mehr Münzen die Maus gefüttert bekommt, desto dicker wird sie.

Noch mehr Filzideen · 135

Es ist Spielzeit!

beliebte Gesellschaftsspiele – auch als Sitzunterlage

Motivgröße:
hier ca. 40 cm x 40 cm

Sie brauchen:
- Merinowolle, am besten im Vlies in mindestens einer Farbe, 200–300 g (für einen Spielplan von ca. 40 cm x 40 cm)
- Vorfilz in den gewünschten Farben (für die Muster)
- Centstücke und evtl. Nagelschere für Camouflage-Technik

Schrumpffaktor:
mindestens 1,3

1 Multiplizieren Sie die gewünschte Spielfeldgröße mindestens mit dem Schrumpffaktor 1,3 und legen Sie die Wolle in mehreren Partien aus. Wenn die gesamte Wollmenge ausgelegt und angerieben worden ist, belegen Sie das Spielfeld mit Vorfilz in den gewünschten Mustern und reiben Sie auch diese an.

2 Wenn Sie dies wünschen, rollen Sie ein Drittel Stück Kammzug von ca. 1 m Länge und filzen Sie es an, bevor Sie die endgültige Oberflächengestaltung vornehmen. Sie können dann später das Spielfeld einrollen und problemlos auf Ihre Ausflüge mitnehmen und als Sitzkissen verwenden. Ein Würfel und ein paar Gummibärchen reichen aus, um das Sitzkissen im Freibad zum Spiel zu machen. Der Gewinner darf dann alle „Spielsteine" aufessen.

Ein Würfel und ein paar Gummibärchen reichen aus, um das Sitzkissen im Freibad zum Spiel zu machen. Der Gewinner darf dann alle „Spielsteine" aufessen.

3 Es ist auch möglich, die Spielfeldmarkierungen in Camouflage-Technik herzustellen (Spiel hinten rechts, zur Technik siehe Seite 116). Dann legen Sie das Spielfeld zunächst in der Farbe des Untergrundes aus, decken die entsprechenden Stellen mit Münzen oder Moosgummi ab und bedecken dann alles mit der Wolle, die die Farbe der Spielfeldoberfläche hat. Nach dem Filzen in der Reibetechnik schneiden Sie die entsprechenden Kreise frei und arbeiten ggf. noch die Schnittflächen nach. Hier war ein Käse das Vorbild.

4 Wenn Sie nur Akzente setzen wollen und keinen passenden Vorfilz haben, können Sie die Startfelder auch im Trockenfilzverfahren aufbringen (siehe Seite 74). Die Farben leuchten dann besonders schön.

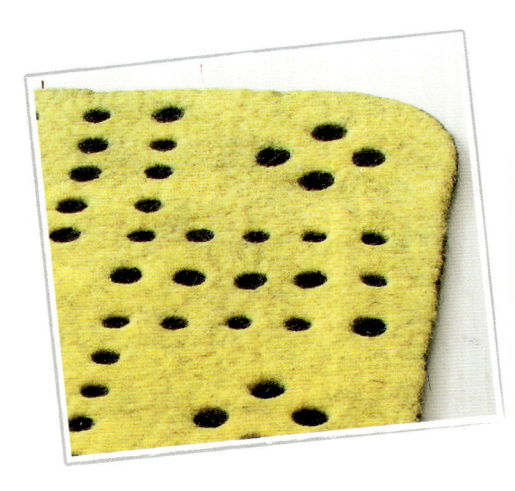

136 · Noch mehr Filzideen

Meine Kursteilnehmerin Renate Einspenner zeigt uns, wie man mit selbst gefilzten Unikaten wirklich fast jedes Problem in den Griff bekommt: Die dreiköpfige Familie ist nun beim Mensch-ärgeredich-nicht-Spielen endlich gleichberechtigt, keiner hat eine Lücke vor oder hinter sich. Das Damespiel ist von Christian Bair, bei Herstellung erst 12 Jahre alt!

Noch mehr Filzideen · 137

Allerlei Hüllen
machen Unscheinbares schöner

Motivgröße:
nach Bedarf

Sie brauchen:
- Filzwolle im Vlies, Wollbedarf nach Objektwahl
- Noppenfolie für die Schablone
- Flasche oder Wärmflasche

Schrumpffaktor:
1,3–2

Vorlage:
Seite 140 (Wärmflaschenhüllen)

Auf Seite 51 können Sie nachlesen, wie man eine individuelle Schablone herstellt. Mit diesem Wissen können Sie unscheinbare Gefäße zu etwas ganz Besonderem machen oder auch interessante Formen durch eine individuelle Gestaltung unterstreichen. Die Motivgröße und der Wollverbrauch hängen von dem Objekt ab, das Sie umfilzen möchten.

1 Als Anhaltspunkt: Die im Bild hinten links stehende Vase hat eine Smoothieflasche aus Glas von 250 ml als Innenleben und wurde mit ca. 100 g Wolle umfilzt.

2 Der Schrumpffaktor kann bei 1,3–2 liegen. Bei komplizierten Formen, wie einer Wärmflasche, fangen Sie lieber mit 1,3 an, damit Sie nicht zu dünn auslegen müssen.

3 Eine besondere Schwierigkeit bildet die Frage, wie man Dinge mit einem schmalen Hals in die ausgelegte Form bekommt, z. B. eine klassische Wärmflasche.

Ein wenig Geschick gehört schon dazu, aber ganz so schwer ist es dann auch wieder nicht:
- Wichtig ist, dass Sie die ausgelegte Wolle lange und stabil reiben, bevor Sie das Objekt in die Hohlform einfügen.
- Falls nötig können Sie den Hals auch etwas breiter dimensionieren, d. h. dort einen höheren Schrumpffaktor wählen als für den Rest der Arbeit. Das müssen Sie später aber wieder ausgleichen, indem Sie auch deutlich länger reiben.
- Es ist wichtig, den frühestmöglichen Zeitpunkt abzupassen, zu dem der Filz schon stabil genug ist, dass er leichte Beanspruchungen verträgt, und dennoch nicht zu voreilig diesen Schritt zu vollziehen.

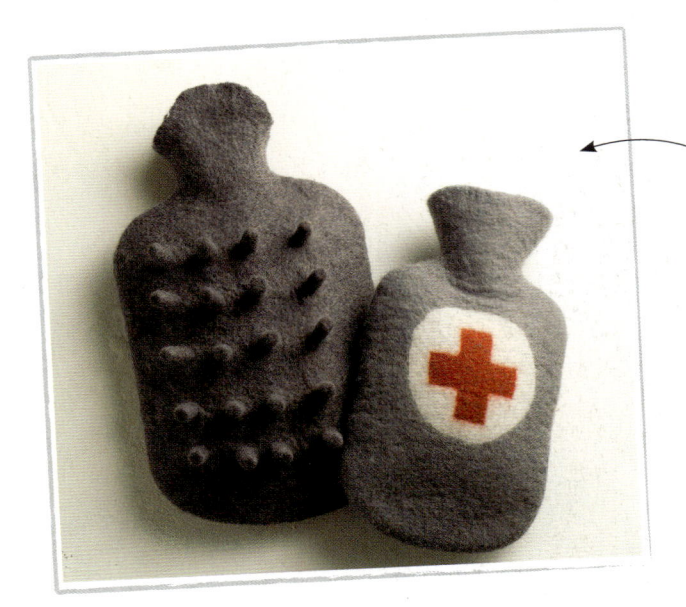

Je dicker die Filzlagen sind, desto einfacher ist es, eine Form in sie hineinzubringen. Leider entspricht dicker Filz nicht immer der Bestimmung des Objekts. Bei der Wärmflasche wird es besonders deutlich: Nehmen Sie zu viel Wolle, bleibt die Hitze später im Inneren isoliert und dringt gar nicht bis zu Ihnen durch. Verwenden Sie deshalb für eine normal große Wärmflasche (ohne dreidimensionale Oberflächengestaltung) maximal 60 g Merinowolle.

Noch mehr Filzideen · 139

Vorlagen

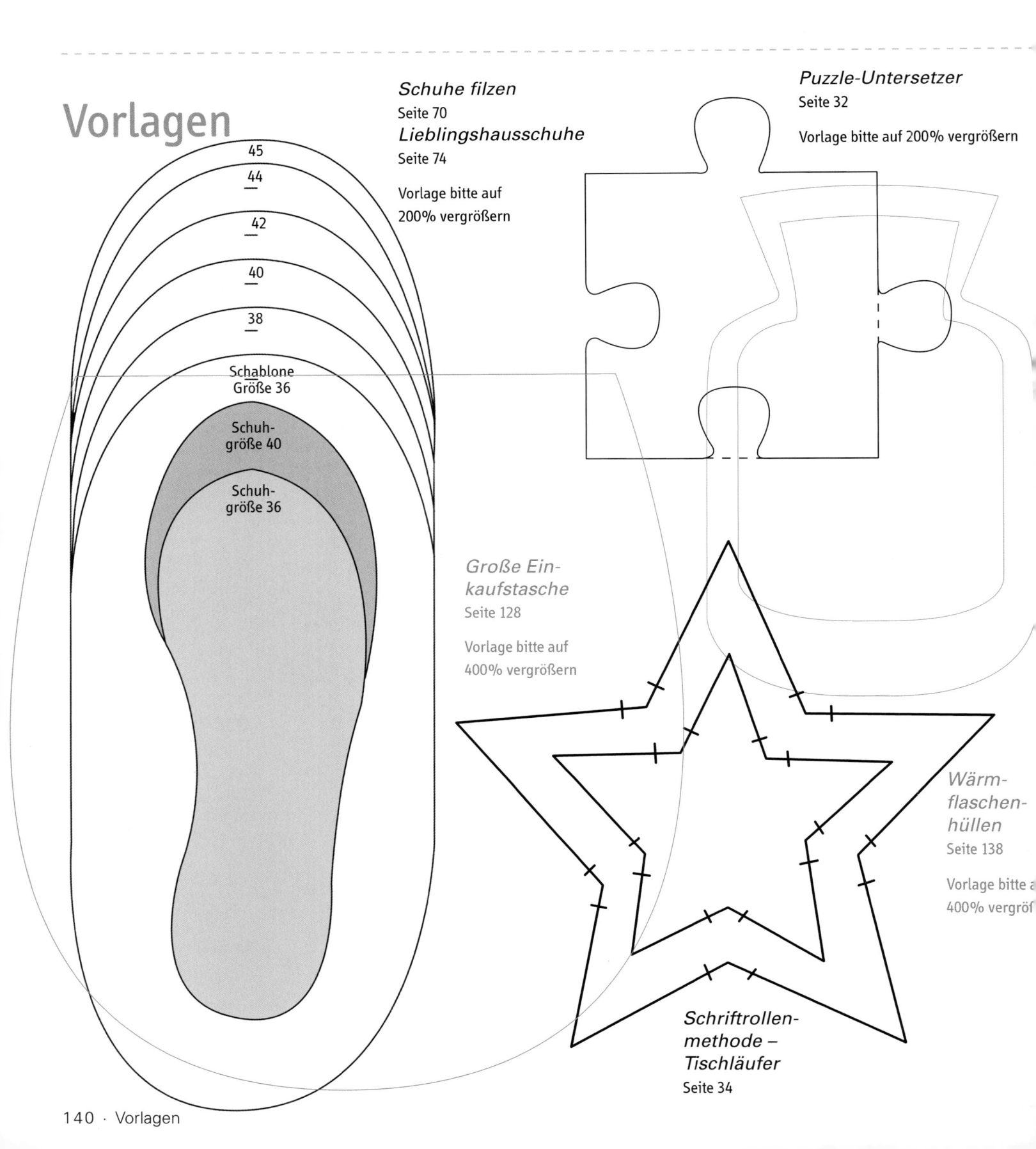

Schuhe filzen
Seite 70
Lieblingshausschuhe
Seite 74

Vorlage bitte auf 200% vergrößern

45
44
42
40
38

Schablone Größe 36

Schuhgröße 40

Schuhgröße 36

Puzzle-Untersetzer
Seite 32

Vorlage bitte auf 200% vergrößern

Große Einkaufstasche
Seite 128

Vorlage bitte auf 400% vergrößern

Wärmflaschenhüllen
Seite 138

Vorlage bitte a 400% vergröß

Schriftrollenmethode – Tischläufer
Seite 34

Eierwärmer
Seite 130

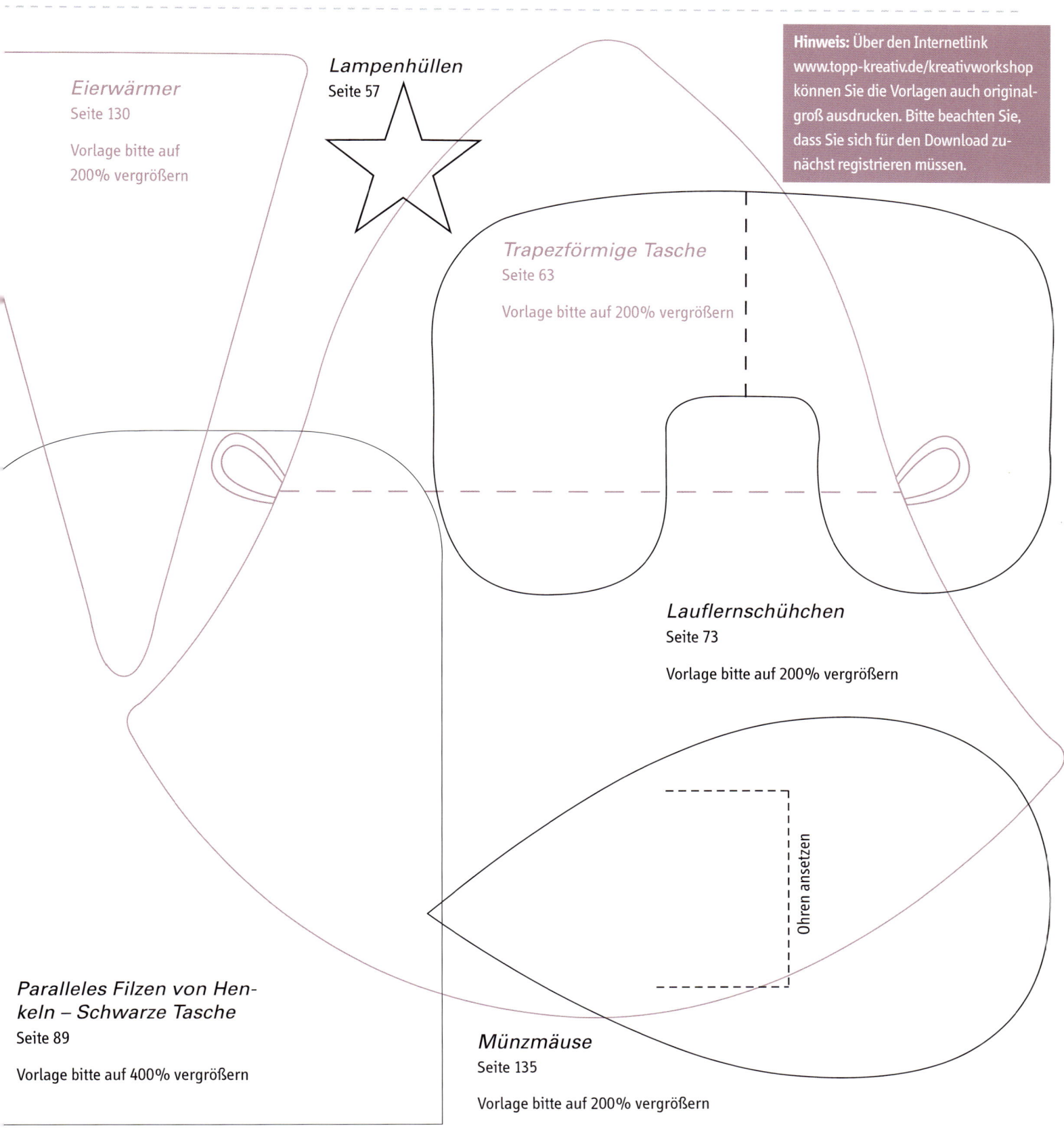

Vorlage bitte auf
200% vergrößern

Lampenhüllen
Seite 57

Hinweis: Über den Internetlink www.topp-kreativ.de/kreativworkshop können Sie die Vorlagen auch originalgroß ausdrucken. Bitte beachten Sie, dass Sie sich für den Download zunächst registrieren müssen.

Trapezförmige Tasche
Seite 63

Vorlage bitte auf 200% vergrößern

Lauflernschühchen
Seite 73

Vorlage bitte auf 200% vergrößern

Ohren ansetzen

Paralleles Filzen von Henkeln – Schwarze Tasche
Seite 89

Vorlage bitte auf 400% vergrößern

Münzmäuse
Seite 135

Vorlage bitte auf 200% vergrößern

Glossar

Bergschafwolle: Eine stabile Wollqualität, in vielen schönen Naturtönen, aber auch gefärbt erhältlich, für gewöhnlich als Vlies, seit kurzem auch als Kammzug.

Hohlkörpertechnik: Grundlegende Technik für die Herstellung von Schuhen, Hüten, Taschen und allen anderen dreidimensionalen Objekten.

Kammzug: Darreichungsform von Wolle; alle Haare liegen parallel. Gut geeignet für Schnüre oder für das sehr feine Auslegen von dünnen Flächen, insbesondere im Bekleidungsbereich. Meiner Ansicht nach nicht gut geeignet, wenn noch kleinere Formen aus dem Filzobjekt geschnitten werden sollen (z. B. die Zacken der Sternenschalen auf Seite 66).

Kardenband: Kaum noch erhältliche Darreichungsform von Wolle, in der Struktur ein Vlies, in der äußeren Form vergleichbar mit einem Kammzug, weil das Vlies durch einen Trichter gezogen wurde. Ergibt stabilste Schnüre und bietet vielfache Anwendungsmöglichkeiten für die Mustergestaltung.

kardieren: Früher mit Mariendisteln, heute mit Handkarden, die an Hundebürsten erinnern, oder Maschinen; in kleinen Mengen können Sie Wolle mit den Fingern „kardieren" (siehe Seite 113).

Kontrast: Wichtiger Begriff aus der Gestaltungslehre. Kontraste beleben ihre Gestaltung – sowohl Farbkontraste (siehe Seite 112), als auch Materialkontraste.

Märchenwolle: Gut geeignet zum Trockenfilzen, aufgrund des speziellen Färbeverfahrens für das Nassfilzen aber nur bedingt geeignet.

Merinowolle: Feine bis sehr feine Wollqualität, als Kammzug oder Vlies erhältlich. Ich beschränke mich auf wenige Wollqualitäten, um Ihnen den ersten Einkauf zu erleichtern. Weitere Informationen erhalten Sie im „Praxiswissen Filzen" aus dem gleichen Verlag.

Nadelvlies: Auch Vorfilz genannt. Industriell im Trockenfilzverfahren hergestellte, noch sehr zarte Filzlage, die scharfe Konturen bei der Mustergestaltung ermöglicht, noch sehr spät auf die Arbeit angefilzt werden kann und in vielen schönen Farben erhältlich ist. Man kann es auch ganzflächig verwenden, erspart sich damit viel Zeit beim Auslegen und geht sicher, dass die Lage überall gleich dick ist.

Nassfilzen: Die hier vorgestellte traditionelle Technik des Filzens im Gegensatz zum erst in neuerer Zeit aufgekommenen Trockenfilzen mit der Nadel.

Nunofilzen: Das Filzen auf Gewebe, wie z. B. Seidensorten, Baumwolle, Leinen, Wolletamine. In der Regel sind synthetische Stoffe nicht zum Einfilzen geeignet, es sei denn, sie haben eine so grobe Struktur, dass die Wolle durch die Löcher greifen kann.

Reibetechnik: Sehr kontrollierte Technik im Nassfilzen, gut zum Beginn einer Arbeit geeignet und meiner Meinung nach sehr wichtig für die Hohlkörpertechnik.

Rolltechnik: Traditionelles Nassfilzen mithilfe einer Bambusmatte oder heute auch anderer Hilfsmittel, beim Rollen bleibt insbesondere eine rechteckige Form gut erhalten.

Schrumpffaktor: Der Faktor, mit dem die Kantenlängen in der Endgröße multipliziert werden müssen, damit Sie die Auslagegröße wissen. Ein hoher Schrumpffaktor von z. B. 2 (das bedeutet die vierfache Auslagefläche!) in Verbindung mit sehr dünn ausgelegter Wolle ergibt. Für Dekorationen reicht für gewöhnlich ein Schrumpffaktor von 1,3.

Trockenfilzen: Wird auch Nadelfilzen genannt. Eine relativ junge Filztechnik, die im Rahmen des Nassfilzens für Reparaturarbeiten oder anschließende Gestaltung der Oberfläche verwendet wird. Farben, die aufgenadelt werden, leuchten kontrastreicher als Wolle, die im Filzprozess mit dem Untergrund verbunden worden ist.

Vlies: Darreichungsform von Wolle, sieht aus wie ein Watteteppich, die Fasern liegen in jede Richtung. Vlies ist enorm vielseitig zu verwenden und bei größeren Objekten schneller ausgelegt als Kammzug.

Vorfilz: Kann entweder selbst hergestellt werden, wobei die Meinungen auseinandergehen, wie stark er dann bearbeitet werden muss, oder als industriell gefertigtes Nadelvlies gekauft werden. Vorfilz benötigt man für die Oberflächengestaltung.

Walken: In der Endphase des Filzens wird das Material geknetet, es schrumpft dann sehr schnell.

Zupfprobe: Kann eingesetzt werden, um zu sehen, wie fest der Filz schon ist. Nach erfolgreicher Zupfprobe kann man eine Arbeit auswaschen, trocknen und bis zur weiteren Bearbeitung weglegen, auch wenn diese erst viel später geplant ist.

Register

Anfilzen....28
Auslagefläche verbreitern....35

Ballbrause....16

Camouflage-Technik....116

Dreidimensionale
Oberflächengestaltung....116
Dünne Flächen....36

Essigessenz....18

Farbkontraste....112
Feste Flächen....26
Filzen mit Formen....102
Filzmatte....15
Filzmaus....18
Filznadel....20
Filzwolle....12
Fingerring....85
Freistilfilzen....25

Gerade Ränder (Dünne Flächen)....38
Gewebe (Nunofilzen)....42
Gürteltasche filzen....60

Handkardieren (Wolle)....113
Hilfsmittel....15
Hohlkörper filzen....48
Hüllen filzen....52

Kammzug....12
Kardenband....12
Kardieren (Wolle)....113
Kugeldöschen....104
Kugeln filzen....92

Mehrschichtkugel....96

Nadelvlies....14
Netz....16
Noppenfolie....15
Nunofilzen....42

Oberflächen gestalten....110

Paralleles Filzen (Taschenhenkel) 89
Plättchen filzen....108

Reibetechnik....24
Rillen entfernen (Schnur)....81
Rolltechnik....24

Schablone anfertigen
(Hohlkörperfilzen)....50
Schmuckschnüre filzen....78
Schmucksteine einfilzen....116
Schnelles Bällchen....94
Schnur/Band anfilzen....87
Schnur wellen....81
Schriftrollenmethode....34
Schrumpf....29
Schrumpffaktor....29
Schuhe filzen....70
Segmentschnur....84
Seife....16

Shibori....118
Spiralschnur....83
Stulpen filzen....52

Trockenfilzen....74

Vlies....12
Vorfilz herstellen....114
Vorfilz....14

Walkholz....18
Wasser....16
Wollbedarf ausrechnen....35
Wolle andrücken....28
Wollqualitäten....12

Zupfprobe....30
Zweidimensionale
Oberflächengestaltung....114

Bezugsquellen und Filzvereine

Über den Internetlink **www.topp-kreativ.de/kreativworkshop** erfahren Sie mehr zu Bezugsquellen und interessanten Filzvereinen – immer top-aktuell. Bitte beachten Sie, dass Sie sich dafür zunächst registrieren müssen.

Buchtipps

Suchen Sie nach noch mehr Inspirationen und Anregungen? Dann werden Sie hier sicherlich fündig:

Ebenso in dieser Reihe erschienen:
kreativ workshop Origami
ISBN 978-3-7724-5063-1

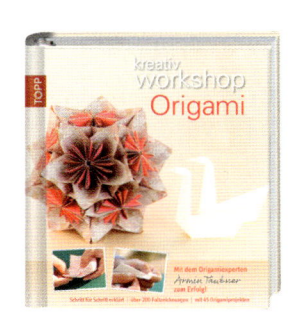

Noch mehr Wissenswertes für Filzer:
Praxiswissen Filzen
ISBN 978-3-7724-5091-4

Inga Dünkelberg-Niemann
leitet die Filzschule aki n. in Düsseldorf (www.aki-filz.de) und arbeitet seit 1996 in der Erwachsenenbildung. Wöchentlich gibt sie in ihrer Filzschule Abend- und Wochenendkurse, die auch für Einsteiger geeignet sind. Das Kulturamt empfiehlt die Künstlerin für die Arbeit an Schulen und auch das Competence Centre Begabtenförderung der Stadt Düsseldorf arbeitet mit ihr zusammen. Die Malerin und Architektin hat viele Ausstellungen gemacht, aber als sie durch ihre Kinder mit dem Werkstoff Filz in Berührung kam, traf es sie wie der Schlag: „Das will ich jetzt immer machen!" Ihre Arbeitsfelder sind sehr unterschiedlich vom Kindergeburtstag über die Arbeit in der offenen Ganztagesschule oder auf Museumsfesten bis hin zum Einsatz im Kinderhospiz. Immer aber sind zwei Dinge dabei: ihre Liebe zu Wolle und Menschen.

Danke!
Herzlichen Dank an die Firma Seehawer & Siebert (www.naturfasern.com) für die freundliche Materialunterstützung.
Außerdem danke ich den Firmen Wollknoll (www.wollknoll.eu), Filzrausch (www.filzrausch.de) und Wollspinnerei Vetsch (www.wollspinnerei.ch) für den hervorragenden Service.

Unter **www.topp-kreativ.de/kreativworkshop** informieren wir Sie regelmäßig über aktuelle Trends und Neuigkeiten. Dort finden Sie alle Vorlagen auch noch einmal in Originalgröße zum Download. Sobald Sie sich registrieren, nehmen Sie an einem Gewinnspiel teil, bei dem viele spannende Buchpreise auf Sie warten.

Wir freuen uns über Fotos Ihrer Filz-Kreationen, die Sie in unserem facebook-Profil Made by Me – Deine Bastelzentrale in der Gruppe kreativ workshop Filzen allen Interessierten präsentieren können.

Hilfestellung zu allen Fragen, die Materialien und Bastelbücher betreffen: Frau Erika Noll berät Sie. Rufen Sie an: 05052 / 911 858 (normale Telefongebühren)
KONZEPT, PRODUKTMANAGEMENT UND LEKTORAT: Monique Rahner
LAYOUT: Heike Köhl
LAYOUTUMSETZUNG UND HERSTELLUNG: Heike Köhl & WS–WerbeService Linke, Karlsruhe
FOTOS: Fotostudio Lichtpunkt, Michael Ruder, Stuttgart

DRUCK UND BINDUNG: G. Canale & C.S.p.A., Printed in Europe

Materialangaben und Arbeitshinweise in diesem Buch wurden von der Autorin und den Mitarbeitern des Verlags sorgfältig geprüft. Eine Garantie wird jedoch nicht übernommen. Autorinnen und Verlag können für eventuell auftretende Fehler oder Schäden nicht haftbar gemacht werden. Das Werk und die darin gezeigten Modelle sind urheberrechtlich geschützt. Die Vervielfältigung und Verbreitung ist, außer für private, nicht kommerzielle Zwecke, untersagt und wird zivil- und strafrechtlich verfolgt. Dies gilt insbesondere für eine Verbreitung des Werkes durch Fotokopien, Film, Funk und Fernsehen, elektronische Medien und Internet sowie für eine gewerbliche Nutzung der gezeigten Modelle. Bei Verwendung im Unterricht und in Kursen ist auf dieses Buch hinzuweisen.

1. Auflage 2013

© 2013 frechverlag GmbH, 70499 Stuttgart

ISBN 978-3-7724-5062-4
Best.-Nr. 5062